AF389987

Baron **HALNA DU FRETAY**

HISTOIRE DU FINISTÈRE

DE LA

FORMATION QUATERNAIRE

A la fin de l'ère romaine.

QUIMPER

A. LEPRINCE, IMPRIMEUR-ÉDITEUR

54 — PLACE SAINT-CORENTIN — 54

1898.

HISTOIRE DU FINISTÈRE

DE LA

FORMATION QUATERNAIRE

A la fin de l'ère romaine.

Monsieur le Député,

Ce volume est la conclusion des différents ouvrages que j'ai publiés sur la matière préhistorique ; il m'a semblé que je ne pouvais mieux faire que de le mettre sous votre patronage.

Il expose quelques-uns des renseignements que nous possédons sur le passé lointain de notre péninsule où j'ai pratiqué toutes mes fouilles ; et nul n'ignore, Monsieur le Député, quel culte passionné vous professez pour notre vieille Bretagne, pour ses populations, pour son histoire, pour ses monuments.

C'est donc au Breton que vous êtes que s'adresse surtout cet hommage d'un autre Breton qui a consacré la plus grande partie de sa vie à éclaircir dans la mesure de ses forces le mystérieux problème des origines armoricaines.

Veuillez agréer, Monsieur le Député, l'expression de mes plus distingués sentiments.

Baron HALNA DU FRETAY.

A Monsieur Anatole Le Braz

Officier d'Académie,

Chevalier de la Légion d'honneur.

———

Mon cher Le Braz,

Vous avez eu dans vos écrits des pages élogieuses pour mon œuvre ; permettez-moi à mon tour de parler de vous et de vous offrir la dédicace de cet ouvrage en vous priant d'y voir l'assurance de mes sentiments les plus sympathiques.

Vous êtes le chantre inspiré et immortel de nos vieilles coutumes ; personnalité puissante, vaillant par la pensée, vous avez eu le génie de l'inspiration en parlant de notre Bretagne que vous aimez tant et vous avez dicté l'amour de la vieille Armorique à Paris comme à vos compatriotes.

Poète, historien, romancier, vous avez voulu être quelqu'un et créer des œuvres vraiment originales, couronnées par l'Institut.

Vos travaux resteront des pages éternelles qui reporteront en le poétisant notre imagination vers un passé ignoré sans vous.

Mettez-moi au premier rang, mon cher Le Braz, parmi les admirateurs de votre talent.

Dans cette histoire du Finistère préhistorique, je raconte aussi la Bretagne, mais dans son plus lointain passé ; ne tenant aucun compte des œuvres de mes prédécesseurs, j'ai cherché l'homme quaternaire et son successeur néolithique au centre des stations, des sépultures, des tumulus et des dolmens ; j'ai fait parler les menhirs et les pierres et résolu, en remontant aux premiers siècles de l'humanité, ces problèmes ardus de l'histoire de nos arrières-aïeux, dont je voulais décrire la vie et les habitudes intimes.

Baron HALNA DU FRETAY.

Château du Vieux-Chatel, par Quéménéven (Finistère).
Mars 1898.

NOTE DE L'AUTEUR

Cette œuvre, encore inédite, était destinée à une revue qui n'a pu paraître par suite de diverses circonstances indépendantes de la volonté de son directeur qui, à la réception de mon manuscrit, m'avait écrit la page suivante, reproduite dans le premier numéro :

« Je suis trop heureux d'adresser en cette place publique-
« ment et au nom de la *Revue armoricaine* tous nos remer-
« ciements à M. le baron Halna du Fretay pour la bienveil-
« lance qu'il nous a témoignée en mettant au service d'une
« jeune revue bretonne encore naissante sa science et son
« talent hors de pair.

« La foule ignore peut-être le chercheur consciencieux et
« le penseur qu'est M. du Fretay ; ses collègues des sociétés
« savantes et avec eux tous ceux qui s'occupent de ces
« intéressantes questions, ceux que passionnent les grands
« problèmes des origines lui rendent le juste hommage qui
« lui est dû.

« Cette étude prend rang parmi les meilleures de l'huma-
« nité primitive ; elle est la condensation, la synthèse de
« toute une vie laborieuse, et ce n'est pas seulement le
« savant qu'il faut louer en M. du Fretay ; l'écrivain sait
« mettre au service de la science un style ferme, précis, bien
« français ; nos lecteurs apprécieront l'homme et l'œuvre.

« Y. MAGDE. »

L'Unité de l'Homme.

L'Immortalité. — L'Incinération.

Le 15 juin 1892, j'avais dédié au marquis de Nadaillac mon livre des origines du monde, en disant que je devais au début de cet ouvrage penser à l'écrivain célèbre, au savant qui avait été dans ses ouvrages l'adversaire du transformisme, vérité qui est notre loi et devrait être celle de tous : l'unité de l'homme depuis son apparition sur la terre.

La nuit du tombeau éternel et de la décomposition a fait peur à l'homme primitif et, en ces temps de la beauté antique, le mort, aimé et respecté pendant sa vie, a voulu que son dernier lit funèbre soit le bûcher.

Là, délivré par la flamme, passant dans la lumière, il s'évanouissait dans un rayon avec une vague idée de l'éternité de cette flamme.

Voilà la première pensée de l'immortalité dès les premiers temps de l'antiquité, croyance perpétuée pendant la suite des siècles jusqu'à la fin de l'ère romaine, sauf pour l'exception et la conservation par l'embaumement.

Baron HALNA DU FRETAY.

PRÉFACE

HISTOIRE GÉNÉRALE DU PRÉHISTORIQUE

DANS LE FINISTÈRE

L'histoire préhistorique doit être la vérité par les preuves. J'ai été dirigé dans cette étude par mon passé, car les connaissances que je possède je ne les ai pas puisées dans les auteurs. Je les ai trouvées dans les preuves sans nombre qui m'ont été fournies pendant ma vie déjà longue d'archéologue, cherchant toujours dans les stations et les sépultures la vie réelle de nos ascendants aux premiers jours du monde.

Au Congrès de Saint-Brieuc, en 1896, M. de Kerdrel qui présidait disait en parlant de moi (1) : « Le savant « auteur a fait plus que personne pour l'archéologie préhis- « torique en Bretagne. Par ses fouilles si nombreuses, il a « pu constituer au Vieux-Châtel un précieux musée qui « contient l'histoire de l'homme préhistorique dans le Finis- « tère et il est arrivé à indiquer une classification toute nou- « velle et à fixer des dates pour tous ces monuments muets. »

Vétéran dans la carrière, je n'étais il y a dix ans qu'un débutant par mes écrits, puisque j'avais attendu tant d'années avant de commencer la publication des notes que je prenais chaque jour sur le terrain de mes explorations.

____

(1) Bulletin de 1896, session de Saint-Brieuc.

Je fouillais et je continuais mes recherches avec une énergie toujours plus grande, sans faire part à personne de mes impressions et sans jamais parler de ces questions.

J'ai voulu faire la lumière sur bien des points très controversés de nos temps préhistoriques. Faut-il oser, quand on est persuadé d'être dans le vrai ? Je l'ai cru, et c'est ce qui m'a encouragé à entreprendre cette tâche si difficile.

J'ai trouvé un encouragement dans l'avis d'hommes éminents, archéologues des plus distingués, qui ont dit de moi à mon début, dans une réunion importante, à propos de certaines assertions contraires à ce qu'on était convenu généralement d'admettre comme vraies jusqu'à ce jour, que j'étais un chercheur infatigable et un observateur des plus consciencieux, et qu'il fallait renoncer, avec les preuves que je donnais à l'appui, à des opinions et à de vieilles théories que l'on avait crues jusqu'à ce jour aussi vraies que possible au sujet de l'histoire de l'homme primitif et des générations successives des temps préhistoriques, et croire aux idées nouvelles que je venais émettre sur cette question.

C'est en effet par la pioche à la main de mes nombreux aides, bravant le soleil et les intempéries, que j'ai trouvé mes preuves de plus en plus indiscutables et, par suite de comparaisons successives, je suis arrivé à des certitudes, à la vérité.

Les appréciations sur mes travaux par mes collègues et le souvenir de toutes mes fouilles et observations pendant quarante années, dont trente de recherches et de silence, me permettent aujourd'hui d'être absolument affirmatif dans mes conclusions.

J'ai voulu la solution des problèmes les plus ardus que l'on rencontre dans l'étude des âges préhistoriques, pensant qu'à force de travail et d'expérience et après une longue suite de constatations, on pouvait devenir l'historien de cette époque lointaine et aboutir à des conclusions vraiment historiques sur les temps préhistoriques.

La tâche était bien ingrate, car ceux qu'on apppelait les maîtres de la science n'étaient pas de cet avis et il m'a fallu trop souvent en arriver à la réfutation en prouvant de la façon la plus incontestable que mes conclusions contraires à celles des auteurs qui avaient écrit avant moi étaient parfaitement justes. Je suis arrivé dès mes débuts à mettre sur la voie de la vérité ceux qui jusque-là n'avaient pu juger qu'avec les ouvrages la plupart très erronés du passé.

La science moderne exige des enseignements nouveaux par l'étude plus approfondie et surtout plus réfléchie et sans parti pris des traces du passage des populations primitives, enfin de tout ce qui peut donner une idée de l'homme avant l'histoire, par ses armes et par ses outils.

Mes théories nouvelles ont eu pour base l'expérience et je ne craignais en aucune façon les contestations ; j'avais lu tous les ouvrages des auteurs qui m'avaient précédé et je comparais avec ce que je voyais chaque jour.

Le résultat du parallèle entre les conclusions clairement indiquées à la suite des fouilles et les écrits du passé n'ont pas été en faveur de ces derniers ; ces auteurs, ayant peu ou pas fouillé, écrivaient après une visite à un musée sur la vue des objets trouvés, s'appuyant sur les données admises, sur les idées préconçues, et aucun n'a voulu chercher s'il n'y avait pas des solutions nouvelles à ces questions.

Ces savants qui ont eu une grande réputation n'ont pas voulu voir dans un dolmen ou dans un autre monument mégalithique ce qu'il fallait voir, laissant de côté et ne voyant pas l'essentiel pour conclure d'après des vestiges insignifiants se rapportant plus ou moins aux publications de leurs devanciers ; la science est restée ainsi absolument stationnaire par le parti pris de convictions trop arriérées et la négation de l'évidence.

Il faut au plus savant, pour arriver au but envié, à la vérité enfin, une expérience consommée et une circonspection extrême ; mais, arrivé là, celui qui est certain de ne pas avoir à redouter les contestations de l'avenir ne craint pas la critique et obéit au devoir exigé par l'intérêt de la science en devenant affirmatif.

La conviction donnée par un long apprentissage au travailleur énergique provoque tôt ou tard la conviction des autres ; les lecteurs comprennent la scrupuleuse exactitude des descriptions et la préoccupation constante des exigences de la vérité.

L'AGE QUATERNAIRE

Sept à huit mille ans dans le passé qui a précédé notre ère, c'est tout ce que l'on peut croire quand on ne veut pas se perdre dans les rêves et dans les systèmes préconçus avec des idées forgées à plaisir sans aucune preuve certaine donnée par l'étude de la géologie.

Ce serait faire peu d'honneur à l'intelligence humaine que de penser qu'il a fallu à l'homme pour apprendre à tailler un silex ou à polir une hache en pierre des centaines ou même des dizaines de mille ans.

La vérité incontestable qui ressort d'une étude absolument approfondie, c'est que la Divinité a présidé à l'origine du monde et que le monde a précédé l'homme qui n'a apparu sur la terre qu'après le développement du règne végétal et du règne animal.

Avec toutes les preuves géologiques en mains, je conclus en disant que si le monde est ancien l'homme l'est bien moins et que l'établissement des véritables réunions d'hommes est bien plus récent que le dernier des cataclysmes dont on ne peut faire remonter la date à plus de cinq mille ans avant notre ère.

Rien ne s'oppose à la pensée que l'homme ait paru sur la terre à la fin de l'âge tertiaire, mais les preuves sont loin d'être certaines et en tout cas il ne faut pas en parler pour la Bretagne.

La race unique provenant de l'unité de souche a pu survivre au bouleversement géologique qui sépare l'âge tertiaire de l'âge quaternaire, car on ne peut admettre un moment la possibilité de deux créations de l'homme ; il en a été ainsi à la fin de l'âge quaternaire, quand les survivants au début de l'époque néolithique ont eu pour mission de peupler le monde entier, mais en restant une espèce unique devant supporter cependant les transformations imposées par les climats et les conditions de l'existence, mais pouvant toujours et revenant même forcément par les changements de la vie au type primitif.

Si une race bien conduite est croisée avec une autre qui l'a été beaucoup moins, les sujets tiendront tous de la race la plus soignée et par suite la plus vigoureuse par elle-même et, à la troisième génération au plus tard, le type absolu et continu sera la race pure prédominante sans aucune marque du croisement.

Ces lois depuis les temps les plus reculés ont été celles de toutes les races humaines ayant pour origine un type unique que les conditions diverses de la vie ont modifié plus ou moins ; mais si l'on tient compte de ces modifications amenées à la suite d'un si grand nombre de siècles, dans des milieux les moins favorisés, on reconnaît toujours l'homme que des soins assidus et des habitudes plus conformes à la santé humaine ramèneraient soit au type primitif, soit à un type quelconque actuel, suivant les croisements et le mode de sélection employé.

Tous les auteurs qui ont traité la question des temps préhistoriques ont dit que la basse-Bretagne n'avait pas d'histoire et ne devait pas être habitée avant l'âge des dolmens et de la pierre polie, parce qu'on n'y avait jamais trouvé aucun vestige de grand centre de travail en silex et que d'ailleurs il n'y a nulle part dans notre presqu'île aucun gisement de cette pierre qui fournissait aux premiers hommes toutes leurs armes et les nombreux outils pour travailler le bois et surtout l'os. (Les silex qui y ont été trouvés jusqu'à présent ne se composant que de quelques armes de petite dimension et outils très petits, évidemment apportés d'ailleurs).

J'ai prouvé le contraire. J'avais déjà trouvé dans plusieurs communes du Finistère, sur divers points assez élevés au-dessus du niveau de la mer et à des profondeurs variant de 0 m. 30 à un mètre, des silex qu'il était impossible de confondre avec les silex postdiluviens. C'étaient des armes et des outils obtenus par de nombreux éclats et portant d'une façon irrécusable les traces du travail de l'homme mais roulés très fortement par les eaux.

Il faut nécessairement admettre l'hypothèse que ces armes des premiers hommes ont été portées là par un débordement violent et y sont restées au moment où les eaux se sont retirées.

L'homme antédiluvien a foulé le sol breton dans toute son étendue, le doute n'est pas possible, et les découvertes dont je vais parler vont le démontrer jusqu'à l'évidence.

Ce dont on avait déjà la certitude pour d'autres pays et surtout pour plusieurs parties de la

France n'était encore qu'un problème pour l'ouest de notre presqu'île ; je suis venu lever ces doutes et je ne crois pas avoir perdu mon temps en donnant à mes lecteurs la certitude que j'ai moi-même du passage, sur notre basse-Bretagne presque à l'extrême limite du Finistère, de ces hommes dont tant de siècles nous séparent.

N'appartenant à aucune école du passé, j'ai le rare privilège de pouvoir dire mon opinion franchement et sans arrière-pensée, en ajoutant que mes fouilles et mes excursions continuelles pendant tant d'années m'ont dicté mes conclusions.

Il n'y a que trois grandes stations quaternaires connues à ce jour et indiscutables dans toute la Bretagne ; les écrits de quelques inventeurs indiquent bien quelques petites trouvailles dites paléolithiques, mais, c'est, hélas ! absolument fantaisiste et malheureusement une au moins a été acceptée trop hâtivement par le Comité des travaux historiques.

Le bois du Rocher ou la Ganterie a été découvert par MM. Micault et Fornier à la limite des Côtes-du-Nord et d'Ille-et-Vilaine. J'ai découvert les deux autres dans le Finistère, Poullan et Keramouster, en Guengat.

L'extrême Bretagne a son histoire écrite par les preuves dès les premiers âges de l'humanité, les pierres ont parlé et ont dit le Finistère à son premier habitant.

J'ai découvert dans le Finistère l'époque paléolithique presque à son début sur les sommets de Poullan, au milieu des roches erratiques du terrain primaire.

Ici il n'y à d'apport d'aucune sorte, l'outillage primitif et bien curieux est en granit, et ces armes des premiers hommes ont été façonnées avec les débris de ces roches. Les premiers occupants à l'âge quaternaire ont trouvé là leur seule richesse ; ils n'avaient pas encore le silex qu'ils n'avaient pas rencontré dans leur longue course à travers le monde et que leurs successeurs devaient découvrir plus tard bien près de là.

L'homme avait employé en route les pierres de chaque pays et avait taillé celles qu'il trouvait pour les obligations de sa dure existence. Arrivé à Poullan en vue de la mer, le rivage lui a donné sa nourriture ; il y est resté longtemps, mais là il n'y avait que du granit et il l'a fait servir à tous les usages.

Cette pierre a servi aussi à sa sépulture ; une grosse roche brute roulée sur les cendres a été la première défense des restes des morts. Plus tard les mêmes familles par leurs descendants ont élevé ces innombrables petits tumulus dont je parlerai plus tard et où j'ai trouvé toujours comme mobilier funéraire les mêmes séries d'objets en granit taillé.

Je suis le premier à parler de ce genre d'outils ou d'armes et de plus je précise les dates ; ces souvenirs de la première heure n'existent dans aucun autre musée que le mien où on peut les compter par centaines ; nous ne sommes pas à l'époque de transition entre les âges paléolithique et néolithique ; cette transition s'est faite naturellement ; elle est marquée par les petits tumulus et la même tribu maîtresse du terrain a vu là sans bouleversements la succession des deux âges avec l'usage constant des sépultures sous les roches brutes, grandes pierres roulées sur les cendres pour le premier, et des très petits tumulus très peu visibles pour le second.

Voilà l'histoire de l'homme presque à son

début au moment de la réunion des premières familles.

Ici je constate l'absence absolue du silex, chez ces nomades contemporains de ceux qui ailleurs l'avaient découvert et avaient su l'approprier à toutes les nécessités de la vie ; à leur arrêt au fond de la Bretagne avec l'intuition qu'ils ne pouvaient faire autrement dans cette lutte pour l'existence, ils ont employé une autre pierre qu'ils trouvaient au bord de la mer, séjour toujours préféré par les primitifs, et si je n'avais pas été l'adversaire convaincu des auteurs qui ont fait tant de coupures et d'âges différents, j'aurai pu définir ma découverte nouvelle en disant : L'âge du granit.

Il n'y a, en effet, rien à voir dans les quatre âges désignés par les écrivains passés avec les étiquettes imaginaires de pierre taillée, puis polie, du bronze et du fer. Ces âges sont liés entre eux et enchaînés dans un développement progressif qui a laissé partout des traces indélébiles nous indiquant, sans hésitation possible, que les œuvres des âges de pierre, de bronze et de fer sont confondues et réunies partout par les nécessités de la vie.

L'examen du mobilier funéraire et la répétition des types m'a révélé à Poullan une ancienneté bien grande, d'où la conviction sans doute possible que j'étais en face d'une occupation quaternaire indiquée par la similitude absolue de ces outils et de ces armes en granit, comparés aux indiscutables quartzite et silex taillés que j'ai trouvé ailleurs sous les alluvions et qui ont été découverts dans les mêmes conditions sur plusieurs points de la France et de l'Europe.

Les cendres, et j'insiste sur ce point très important de ma découverte, m'ont indiqué d'autre part, pour toutes les sépultures fouillées, la coutume constante et sans exception de l'incinération à cette époque si reculée.

Ces preuves répétées, cet usage invariable confirment bien ce que j'ai toujours dit de ce rite funéraire dont il faut faire remonter le début au premier usage du feu.

La première inspiration de l'incinération comme rite funéraire date de l'idée de famille, du regret pour le mort; cette coutume a nécessairement été inspirée dès les premiers âges de l'humanité. La famille s'est d'abord réunie auprès du mort et a allumé un bûcher autour duquel tous les membres de la famille se sont réunis ; mais ce cadavre ne pouvait rester là indéfiniment et il n'y avait pas d'outils pour l'enterrer.

De là l'idée venue bien vite de l'incinération et en même temps le respect de la mort, la mise des cendres dans une urne, primitive au début, puis de plus en plus perfectionnée.

Dans ces sépultures, sous les roches brutes comme sous les petits tumulus, on ne trouve pas les urnes comme dans les monuments des époques postérieures ; il est rare d'apercevoir un débris informe de poterie, on ne voit pas de récipient pour les cendres, ni de corbeille en pierre comme sous les dolmens et les tumulus des âges suivants.

Les terres calcinées m'ont indiqué souvent que l'incinération avait eu lieu à l'endroit même où la roche devait reposer après la cérémonie funèbre ; voilà bien la sépulture tout à fait primitive, mais nous disant aussi quel a été le profond respect des morts dès les premiers âges de l'humanité ; ces sépultures sous les grandes roches, lourdes, d'apparence massive, mises à plat en contact avec le sol sur le côté le plus régulier n'indiquent en rien le rite religieux des menhirs qui ne devaient être élevés que bien des siècles après.

Ces menhirs, réunion de pierres levées, sont le souvenir de la période néolithique qui a précédé la civilisation. Ces menhirs isolés ou en alignement, les cromlechs en cercle, en ovale, en ellipse ou en rectangle ne sont pas des sépultures, mais des monuments ayant essentiellement un attribut religieux se mêlant souvent au souvenir d'un grand événement ; ils sont, en un mot, en très grand, ce que nous appelons aujourd'hui des ex voto.

Tout le pays de Poullan est un vaste cimetière et les tombes se trouvent disséminées un peu partout. J'ai trouvé la plus grande agglomération au village de Kergoulinet où, sur un espace de 80 ares environ, j'ai fouillé 32 sépultures mêlées à un très grand nombre de roches naturelles incrustées profondément dans le sol. Ce terrain presque entièrement couvert de ce chaos de grandes roches facilitait le travail des premiers hommes pour celles qu'ils pouvaient déplacer ; de là l'idée d'une première sépulture et avec le temps la création de ce cimetière.

On se demandera peut-être comment ces roches si lourdes pouvaient être roulées et comment j'ai pu arriver à les enlever sans dégrader ce qu'il pouvait y avoir dessous ; les compagnons du mort incinéré n'avaient pas d'outils pour couper les arbres, mais ils avaient le feu pour abattre et mettre leurs puissants leviers à la mesure cherchée.

Pour les enlever je me suis servi sur le dessus de la roche d'une cartouche de dynamite, puis d'un grand cric enlevant sans rien ébranler les grands quartiers de rochers ; avec des ouvriers habiles et très habitués l'opération se faisait vite et bien.

Ces coutumes d'un si lointain passé, ce respect si grand des morts, ces grands efforts pour soustraire dans l'avenir leurs cendres à toutes profanations caractérisent le début d'une époque et d'un rite religieux autant que funéraire ; c'est indéniable ; et comment ne pas trouver étrange l'assurance des écrivains venant dire sans preuves absolument certaines que ces mêmes hommes, par le fait même de la religion des druides, faisaient la cérémonie barbare du sacrifice des vivants.

A Kergoulinet j'ai trouvé un peu moins de mobilier funéraire que dans toutes les autres sépultures du même genre aux environs et en dehors des granits taillés je n'ai constaté que deux objets, importés tous les deux, en schiste très dur. L'un est une pointe d'épieu, l'autre une scie primitive très curieuse avec encoche d'emmanchement semblable à celles du même genre en quartzite que j'ai trouvées dans les ateliers et les stations quaternaires.

A la première époque, la coutume du mobilier funéraire était à son début ; cette habitude dans les cérémonies funèbres s'est accentuée beaucoup par la suite pour diminuer presque brusquement peu après le début de notre ère.

Dans la série des objets trouvés sous ces tombes, la répétition des rondelles me fait réfléchir ; pour moi ce sont certainement des fétiches avec attribution religieuse ; on ne voit pas de traces d'usage ; la répétition des trouvailles indique d'ailleurs cette conclusion et il faut voir là l'imitation du cercle céleste que ces hommes voyaient au-dessus de leur tête.

J'ai trouvé là encore :

Des percuteurs en quartz et en agathe de Poullan.

Des ustensiles de cuisine en granit plat taillé.

Des granits à tranchant, taillés grossièrement, ébauches des haches en pierre qui devaient être perfectionnées plus tard.

Des herminettes et des maillets rectangulaires en granit ou en amphibole avec poignée taillée pour la mise en mains.

Des coups de poing de toutes formes et de toutes tailles toujours en granit.

Des pierres de fronde, galets de la mer et d'autres en granit taillé en forme de boulets.

Des pointes d'épieu en granit avec pédoncule au milieu de la base pour l'emmanchement.

Dans la grande station de Keramouster, en Guengat, il n'y avait rien de visible et je ne dois qu'à mes connaissances spéciales l'heureuse chance d'avoir pu aider le hasard.

J'avais déjà trouvé plusieurs stations avec ateliers néolithiques que je décrirai dans la suite de cet ouvrage et entre autres l'atelier du Vieux-Châtel, puis ceux de Kervogot et de Rulostcoët, en Ploaré (Finistère), très rapprochés l'un de l'autre.

Les gisements de silex étaient là à côté des objets façonnés, j'ai trouvé des rognons et des éclats innombrables avec cette particularité que le silex est blanc à Kervogot et rouge à Rulostcoët.

Au moment de l'ouverture de la voie ferrée de Quimper à Douarnenez, j'avais visité les tranchées sur Guengat et Le Juch et trouvé la tourmaline en associations minérales très variées. J'ai dans ma collection de minéralogie seize types tout à fait différents et remarquables. L'idée me vint de visiter la vallée de Keranvouster parallèle au chemin de fer. J'avais mes marteaux et ciseaux de géologue et après un travail assez long je m'étais assis à côté du ruisseau.

L'eau était claire et je vis au fond un sable très brillant; à l'examen, c'étaient des petits éclats de silex et de quartzite ; j'étais fixé et il ne me restait plus qu'à chercher l'atelier.

Je trouvais d'abord au milieu de végétations parasites quelques blocs de quarzite à la surface du sol et peu après un travail énergique en profondeur me faisait découvrir au pied de la montagne entre les deux ruisseaux et dans l'argile d'alluvion les rognons de silex et l'immense quantité des quartzites et des silex taillés.

Je n'étais pas, j'en étais certain, en présence d'un travail néolithique et j'écrivis à un de mes amis, dont la réputation est bien grande, pour lui faire part de cette curieuse découverte d'un atelier quaternaire à l'extrème limite de notre continent ; il doutait, mais il est venu voir et son premier mot a été : pas de doutes.

Dans son numéro de septembre 1894, la *Revue mensuelle de l'école d'Anthropologie de Paris* donnait le compte-rendu suivant à la suite d'un don que j'avais fait sur demande à l'école d'Anthropologie et au musée de Saint-Germain :

« Tous ces types avec taille très caractérisée
« sont très remarquables et cette découverte,
« avec ses prodigieux résultats, faite en 1886
« n'a pas eu à l'époque le retentissement qu'elle
« mérite. La taille des instruments en quarzite
« de cet atelier est analogue à celle du bois du
« Rocher, mais au lieu d'être à l'extrémité nord-
« est de la Bretagne, cette nouvelle station

« découverte se trouve tout à fait à l'ouest, au
« bout du Finistère, à Keramouster, en Guen-
« gat, dans la vallée qui aboutit à la baie de
« Douarnenez.

« Les coups de poing, les haches sont sem-
« blables aux échantillons du bois du Rocher,
« mais ce qui distingue l'atelier de Keramouster,
« c'est qu'on y a rencontré aussi des silex taillés
« et l'on sait combien on croyait les silex rares
« en Bretagne. Le baron Halna du Fretay a
« trouvé là, en effet, les gisements de silex à
« côté du granit et des blocs de quartzite. »

Le plateau occupé par l'atelier a environ deux
hectares et son sommet est aujourd'hui à
5 m. 50 au-dessus du niveau des eaux. On
comprend que, par suite de cette disposition du
terrain, les eaux arrivant avec violence par les
deux vallées n'ont pu couvrir d'une si grande
quantité de limon le centre de ce plateau protégé
par la montagne et contourné par les courants
qui, après avoir roulé fortement une partie des
pierres qui s'y trouvaient, n'ont pu en entraîner
que quelques-unes en aval du plateau, celles-là
beaucoup plus roulées que les autres, restées sur
l'emplacement même de l'atelier. Un grand

nombre même que j'ai trouvé en tas divers ne portait aucune trace de roulis, mais ces tas étaient à une certaine profondeur dans le soussol.

La roche de granit pur de la montagne qui domine sur le plateau se modifie près des vallées où elle se trouve associée d'abord au mica puis à un silex jaune à veines blanches en décomposition ; un peu plus bas, dans l'argile, sont les rognons de silex pur de nuances diverses recouverts d'une gangue très épaisse.

Les silex taillés ont une belle pâtise et les nuances varient, gris opaques, bruns, jaunes, rouges, translucides ; quelques-uns ont l'éclat du jaspe. Les quartzites grès lustrés ont aussi toutes les nuances. J'ai extérieurement retourné la station et j'ai tout enlevé ; le nombre des objets bien façonnés est considérable, et les éclats sont innombrables, ce qui prouve bien la taille sur place. J'ai mis, du reste, dans ma collection plusieurs nucleus ; il y en a qui pèsent 25 kilos et plus.

La taille faite d'abord à grands éclats a été retouchée à petites facettes par des ouvriers habiles ; la variété des objets et des formes est inouïe, mais on reconnaît toujours les types de Saint-Acheul, de Menchecourt, de Chelles, c'est-à-dire la forme amygdaloïde allongée que l'on voit sur les planches des ouvrages de Boucher de Perthes.

Il était évident que ce grand nombre d'objets, d'un travail soigné et abandonné par tas, n'avait pas servi ; le cataclysme est là bien prouvé et la trouvaille des silex entraînés un peu plus loin et beaucoup plus roulés que les autres indique, de la façon la plus certaine, que la cause a été l'irruption subite des eaux, à une époque très rapprochée du dernier diluvium.

On peut voir au musée du Vieux-Châtel huit mille types des silex et quartzites antédiluviens de Keramouster. Les haches, en très grand nombre, sont très variées. La dimension varie de de 4 à 18 centimètres. Les unes sont évidemment des armes, mais il est non moins certain que les plus petites sont des outils ; la plus remarquable et unique a une gorge circulaire pour l'emmanchement.

Les pointes de lances et d'épieux. les couteaux ont de 9 à 15 centimètres, les outils de 3 à 20 centimètres. Les pointes de flèches varient de 2 à 5 centimètres.

Je peux citer encore des scies en quartzite jaspé capables de couper un os assez gros en quelques secondes, des rondelles en quartzite depuis la plus petite taille jusqu'à 0 m. 30 de diamètre ; des grattoirs en très grand nombre arqués en demi-cercle et finement retaillés pour former une série de dents. Quelques-uns d'entre eux, assez gros, ont une poignée, et dans d'autres des éclats de silex enlevés ont formé des creux pour l'emplacement des doigts. Les percuteurs et les poinçons en silex pour enlever les éclats.

Je m'arrête dans ma nomenclature qui deviendrait trop longue.

Les hommes de l'évolution quaternaire ont employé, comme leurs successeurs, les bois de cerf qui leur servaient d'outils et d'emmanchements pour leurs haches ; grâce aux grattoirs et aux scies en silex, ils ont utilisé aussi les ossements des animaux pour les outils de toutes tailles du ménage, les défenses des sangliers et les dents des gros animaux pour leurs services journaliers et leurs parures.

Ils ont utilisé aussi les cornes des grands ruminants et se sont servi de leurs silex pour adapter les coquilles et le bois à leurs usages. Mais le bois s'est conservé bien rarement ; les gros os des aurochs, les parties les plus grosses des bois de cerf servaient de gaines ; la hache ou deux haches y étaient incrustées, puis dans le trou ovale ou rond percé perpendiculairement au centre de la gaine, on passait le manche (1).

Pour cela il fallait scier et on reconnaît bien à première vue dans un os ou un bois de cerf le travail de la scie en silex qui, à cause de son épaisseur au dos, devait travailler successivement des deux côtés. L'os, assez profondément entamé, était ensuite cassé.

Ces peuples primitifs ont su tout utiliser ; avec les plus longs andouillers légèrement recourbés des bois de cerf, par exemple, ils fabriquaient des instruments pour écorcher les animaux en polissant une extrémité destinée à être mise en main et aiguisée en biseau de l'autre.

---

(1) Quand les haches en pierre manquaient, on incrustait dans les gaines des cornes ou des dents des grands animaux.

Les hommes de cette époque n'étaient pas d'ailleurs très agglomérés ; à l'homme qui vit de proie, il faut de l'espace.

L'AGE NÉOLITHIQUE

J'ai eu l'occasion de dire dans une grande réunion archéologique que toute l'histoire préhistorique était à refaire et que c'était la tâche que je m'étais imposée.

On restera dans le faux, et toutes les fouilles qui seront faites, toutes les découvertes de l'avenir, n'apporteront aucune lumière nouvelle sur l'histoire préhistorique, tant qu'on n'aura pas admis sans hésitation et sans retour, vers des idées fautives ou douteuses du passé, les bases que j'ai posées dans mes écrits.

Il faut renoncer tout d'abord aux roches à cuvettes ou à bassins, dites pierres de sacrifices avec gorge d'écoulement pour le sang. Cette théorie ne vaut pas mieux que celle des dolmens autels. Il faut voir là des meules dormantes ou des mortiers où on écrasait les graines avec des molettes en pierre que j'ai trouvées bien souvent au pied de ces roches.

Il n'y a jamais eu de preuves certaines, malgré le dire de quelques écrivains latins, de sacrifices humains par les Druides ; les écrits, les tableaux sur ce sujet n'ont d'autre origine que l'imagination ; il n'y a pas l'ombre d'une donnée historique sérieuse, et j'espère bien qu'il ne restera plus rien maintenant dans l'histoire des mœurs gauloises de cette légende des sacrifices humains.

Pour les animaux, j'ai une toute autre opinion et les têtes de chevaux échappés à l'incinération dans les grandes tombelles du Morbihan prouvent le sacrifice des bêtes de chasse et de combat qui ne devaient pas survivre au chef.

Dans mes longues recherches si consciencieuses des stations, des sépultures, des sanctuaires, je n'ai constaté que deux fois le sacrifice des chevaux dans les tumulus du Finistère et jamais la plus légère trace de sacrifices humains. La civilisation relative de ce peuple devait du reste s'opposer formellement à cette coutume.

Autre vérité : toutes les sépultures où il n'y a pas eu incinération sont postérieures au début de l'ère chrétienne. Je constate toutefois que je suis le premier à le dire. Il suffisait à un écrivain de découvrir dans une fouille un os de 2 centimètres de longueur échappé à l'incinération pour conclure à l'inhumation. Un seul a émis l'idée que cette coutume de l'incinération était peut-être bien plus répandue aux époques anciennes qu'on ne l'avait cru d'abord, ce moyen étant le meilleur pour réduire rapidement un cadavre et il ajoutait :

L'incinération était probablement en vigueur partout et ses traces, un peu fugitives, ont pu être méconnues par des explorateurs qui n'avaient en tête que les théories en cours ; peut-être un jour sera-t-il démontré que l'incinération a été en usage aux débuts de la période néolithique et qu'elle a persisté.

En continuant dans cette voie, cet écrivain pouvait arriver à résoudre d'autres problèmes, devenir le pionnier de la science, et s'expliquant, se commentant lui-même, attendre le jugement de ses contemporains et celui de l'histoire.

J'ai déjà eu l'occasion de dire qu'en dehors des grands mouvements de la nature, il fallait renoncer aux coupures et aux âges différents indiqués successivement pour les diverses époques successives des silex taillés, puis des pierres polies et enfin des métaux.

J'ai trouvé ensemble les silex taillés, les haches en pierre polie, l'or, le bronze, le fer, les grossiers usoirs dans des dolmens sous tumulus absolument fermés, et j'ai eu entre les mains des grattoirs en silex provenant d'une fabrique de silex taillés qui existait encore il y a soixante ans pour les besoins des tanneurs de la Loire. Les vieilles coutumes sont tenaces et je pourrais citer bien d'autres preuves absolument concluantes.

La grande faute des écrivains a été de vouloir toujours reporter chaque découverte à la plus haute antiquité, ne s'imaginant pas qu'il y a eu des dolmens et des tumulus jusqu'au 5ᵉ siècle de notre ère, puis des coffres en pierre avec inhumation des cadavres bien des siècles après.

En abordant la période néolithique, je dois dire qu'en ce moment le mouvement humain s'est accentué ; les tribus diverses sont venues les unes après les autres se serrer sur le sol de la Bretagne et, poussées par l'espoir d'une existence plus facile, elles avançaient toujours de l'est vers l'ouest. Le rivage de la mer, en les arrêtant sur nos côtes, leur a fourni presque sans peine la nourriture et leur a fait entrevoir la fin de la lutte pour la vie.

La taille des silex et des autres pierres s'est améliorée pendant cette période ; les premières tailles avaient été plus ou moins grossières, mais avec une plus grande perfection dans les percuteurs et les poinçons en silex ou en quartz. La taille s'est améliorée de siècle en siècle pour arriver à la perfection, quelques centaines d'années avant le début de notre ère, lorsqu'on a commencé à se servir des poinçons en bronze que l'on peut voir au musée du Vieux-Châtel ; c'est à ce moment qu'apparaissent vraiment les pointes de flèche en silex à ailerons et pédoncule si parfaites et si différentes des ébauches et de l'idée primitive.

Quand, avec le progrès, la pierre polie est venue se joindre à la pierre taillée, le principe qui a toujours dirigé ces chercheurs a été de choisir leurs pierres parmi les plus compactes et les plus résistantes, quoique tendres à leur sortie de la terre par l'effet de l'eau de carrière, mais se durcissant ensuite à l'air d'une façon complète, les rendant propres à tous les usages.

Pour l'étude du passé préhistorique et pour en dire l'histoire, il faut surtout un examen bien sérieux des silex ; après les quaternaires, je vois pendant toute la période néolithique un seul âge prolongé de cette pierre taillée, continué à l'époque où on s'est servi de la pierre polie, dont la première idée a été l'envie de parfaire la pointe d'une arme ou d'un outil.

Ces haches et autres objets polis, rares au début, sont devenus par la suite de plus en plus nombreux, mais cela n'empêchait pas de se servir d'une quantité de silex éclatés qui répondaient supérieurement au besoin impérieux de l'homme primitif, la nécessité de manger avec le soin de sa défense.

Je m'oppose avec la plus grande énergie et une profonde conviction aux divisions, aux âges différents que les auteurs ont créé pour le silex, avec ces dénominations de la madeleine, de solutré, du moustiers, etc..., il n'y a pas d'âges différents, mais un usage prolongé pendant les périodes successives d'un grand nombre de siècles.

Pour moi, je n'ai pas cru bien connaître la question des silex avant d'en avoir manié plusieurs centaines de mille et il est très difficile d'ailleurs, si l'on n'a pas à côté d'eux de grands types, de distinguer, par exemple, les petites lames dites mousterriennes de d'autres dites magdeléniennes ; il n'y a qu'à les mélanger avec des silex authentiques de diverses provenances pour arriver à cette conclusion : c'est que partout et à toutes les époques les matériaux ont été plus ou moins faciles à travailler et les hommes plus ou moins habiles, et quand on viendra me dire que quelques petits silex trouvés par suite du hasard ou d'une fouille sont franchement mousterriens, par exemple, je penserai que l'auteur n'en sait absolument rien.

L'analogie entre tous les silex taillés est frappante ; mais un véritable connaisseur y reconnaîtra cependant, dans la perfection plus ou moins grande, les progrès des siècles et il pourra leur donner des dates, mais jamais fixer d'âges ou de périodes distinctes.

Après les pierres brutes, j'ai constaté, avec date incontestable, les premiers petits tumulus, tertres à peine visibles, en nombre considérable ;

j'en ai fait le sujet du mémoire que j'ai lu à l'Institut (académie des Inscriptions et Belles-Lettres) le 30 mars 1894.

Puis les tumulus grandissent sans dolmen encore avec ou sans galgal de pierres de toutes tailles au-dessus de la sépulture et sous la couverture en terre ; la difficulté de se procurer les matériaux et l'impossibilité de les transporter a dicté en cela à l'homme primitif les lois de la nécessité.

Le mobilier funéraire et le soin apporté à la construction du monument en fixent pour le connaisseur expérimenté la véritable ancienneté et il en est de ces constructions pour l'observateur assidu, comme il en est aussi des objets trouvés ; la première vue donne une conjecture, la répétition, l'usage constant ; la coutume identique donne une preuve historique irréfutable.

Je ne crois pas qu'on puisse remonter à plus de trois mille ans avant notre ère pour les premiers dolmens, et, pendant ces trente siècles, les grands tumulus en terre ont été élevés partout où les constructeurs ne pouvaient trouver de grandes pierres pour élever un dolmen.

Je peux citer parmi les grands tumulus en terre de la dernière époque :

Le tumulus de Kerrehou (Finistère), où j'ai trouvé les cendres dans une urne en bois.

Le tumulus de Paule (Côtes-du-Nord), où j'ai trouvé le fer en si grande quantité.

Le tumulus de Cromenou (Morbihan), où j'ai trouvé l'urne si remarquable aux ornements variés, avec double cuisson et reflets métalliques Au-dessus, un collier en perles et pendeloques de bronze et, au centre du collier, une pointe de flèche en silex.

Les conclusions finales ne doivent pas se baser sur une hypothèse, mais sur des preuves indiscutables, et il est évident que ces grandes sépultures étaient les derniers monuments de la période néolithique presqu'à l'âge de l'histoire.

Dans ces immenses tumulus en terre, ma fouille, pour quelques-uns, a duré jusqu'à dix jours avec un personnel nombreux très expérimenté et un outillage parfait.

J'ai vu trois fois seulement l'alternement des couches de cendres, suite d'un feu énorme et prolongé, et des couches de terre de 7 à 9 cen-

timètres : cérémonie qui devait être bien longue ;
j'ai de plus la certitude que la construction de
deux de ces tumulus était séparée par un laps de
temps de plus de deux mille ans.

Si j'ai fouillé un nombre presque incalculable
de tumulus, j'ai aussi visité les dolmens de toutes
tailles de la Bretagne, surtout du Finistère,
dans la même proportion, et il a été dit de moi
à ce sujet, dans une grande réunion scienti-
fique, qu'avec le style qui m'était particulier,
concis, rapide et clair, on croyait avoir sous les
yeux, quand je les décrivais, les monuments
que j'inscrivais aux pages de l'histoire.

Les premiers dolmens ont été bien incomplets,
quoique de tailles différentes, et le premier a
été une roche naturelle ou une pierre posée
verticalement soutenant par une de ses extrémi-
tées une autre pierre formant table et s'élevant
à quelques centimètres au-dessus du sol.

Il faut faire remonter presque à cette époque
si reculée les dolmens simples composés de
deux pierres seulement et les allées couvertes
composées d'un plus grand nombre, mais avec
le même système : grandes pierres plates levées
se rejoignant à leur extrémité supérieure, en

laissant au-dessous un vide triangulaire. J'ai indiqué comme les plus remarquables types de ce genre l'allée de Castel-Ruffel, en Saint-Goazec, et, en Poullan, l'allée de Lesconil, que l'on devrait bien classer parmi les monuments historiques.

Les dolmens se sont ensuite améliorés et les tables, en plus ou moins grand nombre, ont été posées à l'horizontale sur un nombre suffisant de supports monolithes verticaux ; le dernier posé et indépendant du monument comme support formait la porte ; seulement il faut une grande habitude pour la trouver de suite, d'autant plus que les entrées sont orientées très différemment ; souvent à l'Est dans l'intérieur des terres, mais presque toujours en vue de la mer sur les côtes. Je ne suis jamais entré autrement dans un dolmen. J'en ai vu de démolis par les inconscients et les incapables, mais pour moi je n'ai jamais rien dérangé.

Presque tous les dolmens ont été recouverts d'un galgal de petites pierres ou d'un tumulus en terre ; mais quelques-uns ne l'ont pas été et ce sont les derniers ; c'est dans ceux-là que j'ai trouvé les bijoux en or, mais toujours avec accompagnement des pierres polies et taillées.

A l'occasion de l'étude de l'âge des dolmens, j'ai été obligé à la suite de quelques objections sur le rite funéraire d'écrire en 1890 un long mémoire ayant pour titre : *Etude sur les ouvrages des écrivains qui m'ont précédé,* et qui, dit-on, restera la loi impérissable de l'avenir.

J'y ai visé le rite funéraire indépendamment de l'art mégalithique qui a été poussé à son apogée dans ces immenses tombelles du Morbihan, la région par excellence des tumulus, des dolmens et des menhirs.

Dans toutes les fouilles, même en vue du charbon, des cendres, des débris d'ossements incinérés, on concluait toujours à l'inhumation ; les cadavres seuls manquaient.

J'ai pu dire tout le contraire et prouver l'incinération avec le texte même de mes prédécesseurs, ce qui a permis à une revue, ayant pour directeur un archéologue, d'écrire :

« Le savant archéologue, par suite des innom-
« brables points de comparaisons qu'il avait à
« sa disposition, a pu avoir pour ses conclusions

« nouvelles l'approbation du monde savant ; il
« a discuté vis-à-vis de ses devanciers, avec le
« plus grand talent et une conviction commu-
« nicative, relevé toutes les erreurs, son œuvre
« restera une page d'histoire et lui mérite avec
« raison le titre d'historien des temps préhisto-
« riques. »

Je répète textuellement, forcé jusqu'au bout
de suivre pas à pas ma démonstration.

Dans un autre ordre d'idées, je dirai que ces
études sont ardues et surtout la fixation des dates ;
j'ai osé, éclairé par la multiplicité des comparaisons, le mobilier funéraire, les fouilles des
stations voisines, ce qui m'a permis de créer un
musée dont la définition est, sans contestation
possible, l'ethnographie complète de l'homme
avant l'histoire.

Ce musée est mon œuvre ; il a une importance
considérable et j'y vois chaque jour que, si les
âges semblent à première vue bien éloignés d'un
genre de monuments à un autre, près de quatre
mille ans pour les plus importants et plus pour
les autres, ce sont néanmoins des bases incon-
nues jusqu'ici de l'histoire d'un peuple disparu
et ces lois se substituent avec une indéniable

autorité aux conjectures plus ou moins vagues, aux hypothèses plus ou moins vraisemblables, de ceux qui avaient écrit sur les mêmes sujets.

Mon sixième ouvrage laisse de côté les sépultures préhistoriques pour parler des petits dolmens historiques, les stone-cist, petits coffres en pierre ou sarcophages où le corps était légèrement replié ; on les a toujours trouvés à une petite profondeur sous terre et ils n'étaient pas recouverts de tumulus.

Ces coffres ont une origine bien moins ancienne que celle qui leur a été attribuée jusqu'ici ; ils sont de notre ère ; cette coutume s'est même continuée pendant le moyen âge et certains dolmens plus grands sont des ossuaires chrétiens qu'on ne peut citer dans l'histoire celtique.

Historien préhistorique, je suis allé prendre les Celtes chez eux, dans leurs habitudes et dans leur vie ordinaire, et j'ai donné les preuves des usages et du mode réel d'existence de ces hommes ; tâche bien difficile pour les conclusions précises à tirer des découvertes, mais non insurmontable.

Certains auteurs croient peut-être qu'en parlant de questions peu connues et qu'ils ne connaissent pas eux-mêmes davantage, ils seront prophètes si on ne les contredit pas ; la soumission la plus absolue à la vérité n'a jamais exclu pourtant la valeur la plus réelle et le succès ; il faut chercher les certitudes dans la répétition des preuves.

Une série de constatations semblables donne forcément l'idée d'une époque, une autre répétition donne lieu à un résultat du même genre ; c'est ainsi que de preuves en preuves, de constatations en constatations, on établit la succession par la comparaison ; le plus ou moins de perfection dans les constructions, les armes et l'outillage donnent, d'autre part, la succession des siècles, et l'auteur peut parler non seulement avec science, mais avec conscience.

Ce n'est pas le cas pour l'écrivain qui travaille dans son cabinet, et ne peut se servir que de textes écrits sur un passé qui n'en a pas laissé.

Pour moi, qui ai tant cherché sur place, j'ai trouvé écrite partout cette histoire des passages successifs des populations préhistoriques de l'Europe ; je trouve que le texte en est écrit à chaque pas et lisible pour le savant qui sait lire et reconstituer le passé par les monuments, les stations, tout ce qui a servi à l'homme préhistorique et surtout les sépultures avec leurs variétés de plus en plus perfectionnées et prouvant non moins bien que le mobilier funéraire la série des périodes passées.

Il faut la vérité sur l'ethnographie des peuples disparus ou transformés par les faits répétés à toutes les époques ; les degrés de la civilisation sont faciles à juger, même après plusieurs milliers d'années, et on remplace les écrits qui n'existent pas par les preuves réitérées trouvées dans les vestiges laissés par les premiers habitants de la terre et leurs successeurs.

Voilà la seule manière d'écrire l'histoire vraie, sans avoir besoin de textes, mais il faut pour une pareille étude l'esprit d'observation se portant sur les moindres détails, la patience, et une expérience si complète qu'elle ne permet pas l'ombre d'une erreur dans la chronologie et les conclusions définitives sur la vie de tous les émigrants d'origine unique qui, successiment, ont peuplé la terre depuis les premiers âges jusqu'à notre ère.

Quand le chercheur a sous les yeux tous les

matériaux de l'histoire de l'homme depuis son apparition sur la terre, il peut lire avec la plus grande facilité les chapitres successifs de cette genèse et les dates des progrès de l'humanité.

L'homme antédiluvien n'avait que la pierre taillée, mais ses successeurs ont peu à peu perfectionné l'outillage et, après la découverte des métaux, le descendant des primitifs était presque devenu l'homme actuel ; cette histoire, par la vue de toutes ces séries d'outils, d'objets et d'armes devient lumineuse, et le visiteur de ces pierres croit entendre l'orateur invisible tirant de chaque objet des déductions qui amènent des dates précises, en le conduisant peu à peu à l'homme historique de notre ère.

Les détails techniques que je donnerai dans la suite de cette publication pourront identifier complètement mes lecteurs avec la vie de nos premiers ancêtres et je leur dirai l'histoire de l'humanité, écrite avec les ébauches d'abord, puis les premières manifestations de l'art.

Il en est du Finistère comme du reste du monde ; les Asiatiques successifs se sont avancés vers l'ouest cherchant une vie meilleure ; à l'homme qui vit de proie, il faut un grand espace souvent renouvelé.

Bien des noms ont été donnés à ces peuples, mais il y a dans ces désignations beaucoup d'imagination ; les preuves certaines manquent pour donner des titres spéciaux aux diverses émigrations de l'Asie ; beaucoup d'auteurs ont parlé des Aryens ; il y en a eu, en effet, mais il y en a eu d'autres aussi. Il est certain que la langue celte est un dérivé du langage aryen de l'Extrême-Orient.

A toutes les époques des émigrations, les partants, plus ou moins civilisés, s'avanturant sur une terre déserte, se sont servis pour leurs vêtements et leurs armes des ressources que leur offrait leur pays momentané d'adoption ; mais les instincts ont toujours et partout été les mêmes, aidés par l'intelligence native, quoique peu développée.

L'unité d'espèce dit bien l'unité de souche et d'origine ; tous les hommes de toutes les races humaines sont pourvues des mêmes caractères essentiels et c'est bien en cela surtout que l'homme diffère de l'animal, ou dans une même espèce, les marques distinctives changent d'une famille à une autre et se sont perpétuées dans un ordre immuable pendant toute la durée des siècles, soit huit mille ans au plus dans le passé qui précède notre ère, date indiscutable par l'étude de la géologie.

Les silex taillés et autres pierres travaillées trouvés dans le diluvium, dans le Finistère comme ailleurs, sous les couches de diverses natures, et même à la surface de la terre, malgré des différences marquées pour un archéologue exercé, ont en même temps que le cachet indiscutable du travail de l'homme, une grande analogie avec ceux trouvés dans les dolmens qui touchent à l'âge historique ; j'y vois une sorte de rapprochement relatif des âges et l'impossibilité d'attribuer à l'humanité un trop grand nombre de siècles.

La théorie de l'antiquité indéfinie est une aberration et l'étude des couches géologiques dit assez la récente apparition de l'homme sur la terre ; dans les terrains absolument primitifs on ne constate aucune trace de vie.

Je laisse de côté bien entendu les idées de Darwin parlant de l'amélioration continue de l'animalcule par la sélection, d'où l'origine de l'homme ; c'est une théorie insensée née d'un orgueil aveugle et de l'oblitération d'esprit d'un penseur dévoyé.

Tous ceux qui se sont occupés de la sélection connaissent parfaitement ses effets ; on arrive par ce moyen à améliorer une race dégénérée et à retrouver même le type parfait primitif. mais la sélection continuée indéfiniment dans une même famille conduit à la dégénérescence la plus complète.

Ces essais ont été pratiqués bien souvent sur les animaux dont nous nous servons ; c'est la marche en arrière et non en avant ; on n'améliore pas une race par le seul fait de la sélection, mais cette manière de procéder, pratiquée d'une façon intelligente, peut réparer les effets de l'altération de la race primitive.

On aura par ce système, si on opère sur des singes, des animaux qui, dans leur genre, seront aussi parfaits que possible, mais ce seront toujours des singes. Ces règles absolument vraies pour les animaux, le sont aussi pour l'homme et on ne peut continuer indéfiniment la sélection,

ce qui aurait pour effet de donner des sujets
maladifs. Il faut absolument à certains moments
en arriver à sortir de la famille par un croisement en dehors ; on donne ainsi la santé et on
revient à la sélection qui ne donne d'ailleurs
tous les effets les meilleurs, que par des conditions convenables d'existence.

Toutes les races d'animaux, toutes les races
humaines subissent les lois de la transformation
suivant les milieux où elles vivent, les climats
divers, les habitudes ordinaires de la vie, le
genre de nourriture ; les degrés divers de la
civilisation ou de la domesticité en changeant
plus ou moins les types, mais avec retours
faciles, naturels ou forcés vers l'origine, nous
donnent les preuves les plus frappantes et l'assurance la plus catégorique de l'unité de la race
humaine.

La famille du Bos viendra aussi m'aider dans
cette démonstration ; le buffle, l'aurochs, le
bison, notre taureau domestique, ne forment
qu'une seule et même race avec des aspects
différents, suivant les climats ou les effets de la
domesticité, mais ce sont tous les descendants
des aurochs préhistoriques.

Le buffalo ou bison d'Amérique , presque disparu aujourd'hui, change vite par les soins de la domestication ; il perd rapidement son aspect sauvage et la longue crinière qui orne sa nuque ; dans la captivité, ses formes se modifient, son train de derrière prend plus d'ampleur et devient plus puissant ; enfin après quelques générations il ressemble à la race bovine actuelle si variée suivant les climats, le genre d'élevage et la nourriture.

L'aurochs est encore représenté en Enrope par une bande sauvage, d'environ 500 têtes, conservée dans une immense forêt de la Pologne russe ; ce sont les derniers survivants des aurochs préhistoriques de notre pays qui étaient si nombreux à l'époque des populations nomades et clairsemées ; ils sont identiques à l'aurochs antédiluvien trouvés dans les fouilles, plus grands que les bisons américains avec une tête énorme et un grand développement des parties antérieures du corps au détriment de l'arrière train.

La fixité dans chaque race spéciale est une règle depuis le début du monde. Le cochon n'est qu'un sanglier transformé et amélioré. Il en est de même de notre race bovine, le bonasus, l'urus, le bubalus des anciens, c'est le bison, c'est l'aurochs, c'est notre bœuf actuel avec les différences des conditions qui changent les formes, le poil, la variété et la densité des cornes, ainsi que l'épaisseur de la peau.

La conclusion s'impose : c'est que la race bovine, si différente dans ses aspects sur tous les points du globe, a pour origine un type unique qui a subi les transformations imposées par les climats et qu'il en a été de même, avec bien plus de raisons, pour l'homme dont les instincts et les travaux ont aidé les influences des régions.

Une autre conclusion s'impose forcément : c'est qu'en supprimant les causes de la transformation, on peut faire retourner n'importe quelle race à son type primitif.

L'homme naissant se trouve dans les conditions de ses ascendants et si les conditions d'existence restent les mêmes, les descendants seront absolument semblables ; si ces conditions de climat, de nourriture, de mode d'existence diffèrent, il y aura amélioration ou dégénérescence, mais ce sera toujours l'homme ; c'est une loi que rien ne pourra changer, une vérité qu'aucune intelligence ne peut regarder comme contestable.

Ce ne sont pas les théories contraires qui pourront élever l'humanité et la conduire à son idéal en affirmant son immortalité.

A l'époque néolithique, les hommes vainqueurs des grands animaux, ne tardent pas à étendre partout les rameaux qui, sur les divers continents, vont former de nouvelles races, mais toujours analogues et gardant le cachet de leur origine ; leur marche est incessante et les tribus sont poussées l'une vers l'autre par l'appât de la nourriture plus facile ou d'un climat meilleur.

Les grands acteurs de cette marche prodigieuse à travers le monde entier, marche féconde et laissant partout les marques de son passage, avaient de siècle en siècle leurs successeurs, et les continents les plus déserts ont eu peu à peu leurs habitants.

L'homme antédiluvien, contemporain des grands animaux et de la flore disparue, a vécu sur la terre, mais cet homme, très répandu déjà à cette époque, a-t-il disparu ou est-il le père de la race néolithique ? Il n'y a pas à en douter ; il y a similitude dans les armes, les outils, les ex-voto en pierre ; ce ne sont pas encore les hommes des dolmens, mais ce sont leurs ancêtres. Le progrès a été constant dans l'industrie primitive, mais le bronze n'a fait son apparition dans le Finistère que sept à huit siècles avant notre ère, et j'ai prouvé que le fer, dont les traces se sont pourtant peu conservées, avait nécessairement précédé le bronze.

Les souvenirs de l'homme et de son travail, les armes, les outils trouvés dans la profondeur des vallées, comme ailleurs, presqu'à fleur de terre, sur des sommets relatifs, montrent d'une façon indiscutable la vie passée avant un des plus importants bouleversements de la nature.

La croyance à un seul déluge universel est une idée postérieure, mais cette perturbation par les eaux arrivant à la fin de l'époque quaternaire et les preuves de l'homme étant visibles avant cette date sur toute la surface du globe, il faut admettre une conclusion sans opposition avec la genèse bien comprise ; la perturbation n'a pas été universelle ; les hommes

de la même famille ont survécu et se sont renouvelés par la loi naturelle. Mes découvertes des
stations antédiluviennes dans le Finistère prouvent de la façon la plus précise cette vérité : la
famille n'a pas été dissoute.

Les silex et les quartzites taillés trouvés
ensemble et en quantité sous la terre d'alluvion prouve aussi pour cette époque le nombre
pour les habitants de la terre et l'outillage
nécessaire pour tous les besoins de la vie, car
avec ces silex taillés on pouvait tirer parti pour
le mobilier de la tribu, du bois, de l'os, des
cornes des animaux.

Mais ce serait vraiment mettre au-dessous de
la réalité l'intelligence native de l'homme que
de donner à l'âge quaternaire une durée très
prolongée et il faut réduire considérablement
la durée indiquée par certains écrivains ; la
période quaternaire, suite de l'âge tertiaire,
doit être limitée à vingt siècles environ avant
l'âge néolithique et rien dans les couches ossifères ne peut prouver une durée plus prolongée.

Enfin, les déluges successifs sont prouvés
par ce fait qu'il n'y a pas eu plusieurs créations

et que le déluge universel de la tradition, au début des temps néolithiques, qui a laissé le monde à peu près dans l'état où il est aujourd'hui, a laissé peuplés les continents séparés par de grandes mers, que nous avons découvert peu à peu depuis quelques siècles.

Les descendants du premier homme ont pu se disperser dans le monde entier quand les continents divers avaient des points de contact séparés plus tard par les bouleversements successifs.

Une objection a été faite à la suite des découvertes géologiques ; pourquoi, au milieu des restes de l'industrie humaine, les restes de l'homme sont-ils si rares et les débris d'animaux si nombreux ? on peut répondre qu'en plus de la coutume de l'incinération générale en dehors des accidents il y a encore aujourd'hui sur la terre bien plus d'animaux qu'il n'y a d'hommes ; ensuite, les bêtes dont on rencontre les restes, sont les quadrupèdes les plus grands et il ne faut pas en conclure que ces animaux étaient les plus répandus sur la terre ; la loi universelle du plus grand nombre pour les petites espèces existait alors comme aujourd'hui,

Les gros ossements entraînés se sont mieux conservés que les petits disparus en si grand nombre et représentés aujourd'hui par un nombre restreint de fossiles.

Il est encore une cause plus sérieuse de la rareté des débris humains parmi les dépôts d'os d'animaux, c'est que les hommes dans les convulsions de la nature; dans les périls qui menacent la vie de tous les êtres, sont ceux de ces êtres qui savent le mieux prévoir le péril, le combattre ou s'y soustraire et le torrent dévastateur qui, aujourd'hui, enlève les troupeaux ne prend pas toujours le berger.

On a trouvé dans les couches géologiques des types réellement élevés, offrant à peu de chose près la perfection des types actuels, et quand on est en face de l'industrie de cette race, il faut bien en conclure qu'une difformité dans un crâne est une exception. La race unique, prolongée sans différence sensible avec les types primitifs, est une vérité incontestable et il faut renoncer enfin à ces divisions, à ces époques tranchées dans la marche de l'humanité, basées simplement sur la taille du silex.

Il faut vraiment éprouver le besoin de multiplier les transitions et les coupures dans l'espoir de trouver le texte d'un ouvrage.

Les gravures, les statuettes de la fin de l'âge quaternaire et du début néolithique, fixées par les agents conservateurs de la nature indiquent presque l'art réel, le talent même dans la reproduction en nous laissant dans l'incertitude pour l'époque dont l'ancienneté du reste ne peut être excessive, et nous fait penser que la succession des infiltrations et des dépôts calcaires a pu mélanger des objets sculptés, bien des siècles après, aux restes d'animaux trouvés en même temps.

J'ai parlé dans le cours de cet ouvrage de deux stations néolithiques avec gisements de silex et ateliers pour la taille. J'en ai trouvé plusieurs autres dans le Finistère et l'un d'eux était des plus importants : celui de Plouhinec.

Ces silex taillés, ainsi répandus un peu partout et souvent loin de ces stations, ont facilité le travail de l'homme primitif qui s'est fait peu à peu en augmentant d'âge en âge.

Les cerfs abondaient à cette époque dans notre presqu'île, et avec les plus longs andouillers qui sont toujours légèrement recourbés, l'habitant de la première heure avait trouvé les outils pour creuser la terre, extraire les pierres, et des instruments pour écorcher les animaux.

Plusieurs de ces cerfs étaient de la plus grande taille ; un bois avec sa couronne très large et de grands andouillers a été trouvé en même temps qu'une côte et des vertèbres de cétacés en creusant sous une des piles du pont du chemin de fer de Douarnenez, rivière de Port-Rhu. Ces objets m'ont été donnés pour mon musée par Monsieur Prosper Pierre qui les avait recueillis.

Un autre genre d'objets qui est commun aux deux époques quaternaire et néolithique, ce sont les boules en pierres de toutes tailles et les pierres de frondes ; l'argile durcie par le feu a été aussi utilisée ; ces boules sont souvent irrégulières et taillées à grands éclats, mais il y en a aussi d'absolument régulières et ayant demandé un long travail ; j'en possède un grand nombre dans la galerie du Vieux-Châtel et on reconnaît que le travail commencé au piqué a été fini par le frottement.

Pour ces objets comme pour beaucoup d'autres, la patine est une preuve indiscutable du temps, et si on casse un silex on voit, à côté de l'altération patinée, la couleur primitive à l'intérieur.

Cette patine est plus ou moins prononcée suivant les milieux, quelquefois brillante, mais le plus souvent opaque ; elle est toujours visible sur les objets polis ou taillés appartenant aux diverses époques préhistoriques, mais elle est bien plus sensible sur les uns que sur les autres et son épaisseur varie beaucoup. On peut voir au musée du Vieux-Châtel des haches polies remarquables par leur patine, surtout celles en grès et en granit.

Voilà nos archives de l'arrière-passé trouvées dans l'arme en pierre fabriquée depuis le début de l'humanité ; avant le dernier diluvium la pierre taillée, puis après la pierre polie. Les hommes descendant de la première famille se sont répandus partout, non à une même époque, mais successivement de siècle en siècle, et leurs traces ont été trouvées sauf sur les terres que la glace a couvertes ou les îles nouvelles émergées au-dessus de la mer par le fait de la croissance des forêts de corail, montagnes composées de madrépores et de zoophytes.

Pour pouvoir écrire cette histoire dans toute sa vérité, il faut avoir vu sur place et la visite du plus beau musée ne suffit pas ; un musée digne de ce nom ne doit pas avoir d'ailleurs de lacunes ; il est indispensable qu'il soit l'histoire entière de la vie de l'homme, l'enfance de l'art à ses débuts, puis d'âge en âge, les preuves d'une adaptation meilleure à toutes les nécessités d'une dure existence, les légers changements fixent les dates et nous ouvrent le livre de l'arrière-passé.

Nous aimons à regarder les premières ébauches œuvres de nos enfants ; regardons aussi celles de nos pères ; c'est là tout ce qu'il en reste et c'est avec ces seuls documents qu'on peut faire leur histoire ; toutes ces pierres, armes, outils, amulettes sont une suite de révélations ; c'est l'existence d'un peuple qui envahit la terre entière, sa vie dans tous ses détails, ses mœurs pendant une longue suite de siècles.

Une aberration profonde des directeurs de musée, au moins d'un grand nombre, est de ne vouloir y mettre que des chefs-d'œuvre ; ils ne veulent pas que les yeux soient blessés par des ébauches ; tout pour l'art ; mais ces musées ne présentent pas d'histoire et a-t-on oublié que l'histoire de l'art est celle de l'homme qui tout d'abord n'a pas fait que des chefs-d'œuvre ; les premiers essais ont été nombreux, il a été enfant avant d'être homme et un musée doit le montrer tel qu'il était à son début et tel qu'il a été plus tard de siècle en siècle.

Pour les objets les plus anciens aucun doute n'est possible lorsque la même forme se rencontre souvent, on voit qu'il y a là un modèle donné, un type constamment le même ; il est visible qu'il y a eu intention perpétuée par les générations pour obéir à un mobile puissant et à une nécessité pour un peuple. Je n'en citerai qu'un exemple : les silex taillés triangulaires qui certainement pour le plus grand nombre n'ont guère de signification ; mais l'observateur qui trouve continuellement ce genre de taille se dit que c'étaient les gouges de l'époque que l'on emmanchait dans des os creux.

Le Finistère est remarquable par la variété des trouvailles et le nombre infini de ses monuments mégalithiques de toutes tailles et de tous genres, les plus grands dolmens, les plus petits coffres en pierre, les cromlechs, les alignements de menhirs, centres religieux, les menhirs isolés ou à peu de distance des tombeaux appelant la protection divine, les sépultures les plus diverses au niveau de la terre ou au-dessous, quelquefois une grosse roche brute, enfin les tumulus en terre avec ou sans pierres de protection pour l'urne cinéraire.

Vers la fin de l'âge du bronze les familles ont commencé à devenir sédentaires ; la culture bien rudimentaire encore a commencé et je peux montrer dans mon musée des socs de charrue bien curieux ; mais l'âge de bronze venant continuer l'âge de pierre ne fait qu'un avec lui et les plus beaux monuments mégalithiques l'ont précédé de peu ou l'ont accompagné et suivi ; ces tombeaux élevés avec tant de peine et une si grande réunion de forces ont été le dernier hommage aux morts pendant les premiers siècles de notre ère.

Les explorateurs de cabinet qui n'ont jamais quitté leur table de travail m'étonnent. J'ai lu entre autres exemples le récit de la fouille récente

faite en Danemarck de quatre tumulus attribués
à l'âge préhistorique du bronze tandis que j'ai
été forcé par le texte même d'indiquer dans un
de mes ouvrages comme l'époque la plus ancienne possible le Ve siècle de notre ère. Il y
avait là bonnets, manteaux, dalmatiques, châles
avec franges, chemises de laine, ceintures en
étoffe, une épée en bronze, des coffrets, un
peigne, un petit couteau en bronze, une broche,
deux doubles boutons en bronze et en étain,
une boule d'ambre, un petit bracelet en bronze,
enfin. . . . . . une pointe de javelot en silex.

Ce souvenir des ancêtres a suffi à l'auteur
pour parler du préhistorique, mais il ignorait
que, jusqu'au siècle dernier, on se servait encore
en Danemarck d'objets en silex, comme en
France en ce siècle aux bords de la Loire et
ailleurs.

Certains auteurs abusent par trop grossièrement de la crédulité de leurs lecteurs tout en
faisant preuve d'une profonde ignorance ; ailleurs je vois attribuer à l'époque préhistorique
des sépultures où on a trouvé des cercueils en
bois ; c'est de l'aberration, mais on ne peut

vraiment demander à tant d'individualités dites savantes plus qu'elles ne peuvent donner.

Pour les sépultures passées, pour les rites et pour les époques, si je voulais réformer toutes les fausses attributions, il me faudrait vraiment trop de volumes ; un dernier exemple :

Entre Paris et Reims on a découvert il y a peu d'années des tombes mérovingiennes qui ont été attribuées à l'âge préhistorique du bronze; on y a trouvé, à côté des squelettes, des rasoirs en bronze mêlés à des petites haches en jadéite aussi anciennes que celles des grandes tombelles du Morbihan, fétiches conservés de génération en génération comme des talismans ; c'est ainsi que bien des fouilleurs ne voyant que certains objets au milieu d'une sépulture et en négligeant l'ensemble sans esprit de profonde observation et avec une science incomplète se sont trompés dans toutes leurs conclusions.

L'étude de la céramique aide beaucoup pour fixer les époques ; le premier outil a été la main, ajoutant successivement les boules d'argile pétrie, puis la batte et le tampon et enfin le tour ; la première cuisson a été faite sur une plate-forme en plein air entourée d'une enceinte en pierres brutes ; le feu se mettait par le côté à la base du mur.

J'ai vu des mémoires où, malgré la constatation des cendres, on concluait à l'inhumation en cherchant la reconstitution du cadavre au moyen des petits ossements échappés au feu ; on aurait mieux fait de penser que l'incinération n'était jamais absolument complète aux temps préhistoriques faute de moyens d'exécution.

On cite aussi des dolmens où il a été trouvé un grand amalgame d'ossements humains, j'ai combattu dans mon *Etude sur les écrivains qui m'ont précédé* cette prétention inouïe de voir là les premiers dolmens et j'ai attribué à ces ossuaires chrétiens le Ve siècle de notre ère, en ajoutant qu'ils étaient utilisés pendant plusieurs générations et qu'ils étaient l'imitation par tradition des monuments d'un autre âge.

Au cours de cet ouvrage, j'ai parlé des coups de poing ; cette arme, en granit et autres pierres taillées, a précédé les armes en silex et il faut essentiellement attribuer son usage à l'âge quaternaire, ce qui ne m'a pas empêché d'en trouver d'autres qui, par suite de la tradition, avaient servi au début de la période néolithique ; j'ai dans mon musée du Vieux-Châtel un nombre considérable de ces objets que je n'ai vu dans aucune autre collection, c'est ce qui m'a forcé de leur donner un nom ; en effet, le mot casse-tête avait déjà été employé, mais coup de poing, jamais.

Le premier est la pierre façonnée, sans tranchant, mais à encoche d'emmanchement fixée par des lianes au bout d'un bâton.

Le second est la pierre très bien façonnée aussi, mais également sans tranchant, et avec la poignée très caractérisée pour la main ; ces coups de poing sont toujours assez lourds et les formes on ne peut plus variées.

On m'a demandé souvent comment j'ai pu réussir tant de fouilles sans exposer mes ouvriers et sans détériorer les dolmens et le mobilier funéraire.

Les dolmens sont de deux genres, sans supports ou avec supports pour les immenses tables.

Dans le premier cas, j'emploie un cric d'une très grande puissance qui, peu à peu, soulève la pierre ; on aide par des arcs-boutants des deux côtés et par suite d'adroites manœuvres, le dolmen prend la perpendiculaire et se renverse de l'autre côté ; on peut alors fouiller avec le plus grand soin sans l'ombre de danger.

Dans le second cas, il faut bien se garder de détruire un monument curieux ; il faut chercher la porte, c'est la pierre indépendante de la table et des supports, qui a servi à fermer le dolmen après la cérémonie funèbre ; cette pierre est déplacée très facilement avec un levier par un seul homme et on peut alors entrer dans la crypte.

On forme la chaîne et les cendres par un va-et-vient de petites boîtes sont passées à la main sur une carrée en bois ; rien n'échappe : la plus petite pointe de flèche, le moindre grain de collier, tout est trouvé. Le tamis ne vaut rien, ces cendres séculaires sont humides et compactes, elles ne passent pas dans le récipient qui est bien vite hors de service. S'il y a des urnes et des armes en bronze ou en fer, je les laisse le plus possible sécher à l'air, puis je les place pour le transport dans des caisses à coulisses, formant des compartiments de la dimension désirée.

Pour les tumulus en terre je me sers de deux sondes, l'une de 1 m. 75 et l'autre de 3 m. 50 ; il s'agit de savoir s'il y a sous la terre un galgal de pierres indiquant presque toujours un dolmen ; si le tumulus est très élevé, on pratique une tranchée permettant à la sonde d'arriver.

Si la sonde ne rencontre pas de pierres, c'est un simple tumulus en terre avec l'urne ou les urnes déposées sur le sol primitif ou peu au-dessous ; il faut pratiquer une tranchée sur tout le diamètre du tumulus et sur une largeur d'au moins les 2/5 de ce diamètre.

Le système d'un trou central formant cône, dont le plus petit diamètre naturellement est en bas, est déplorable ; j'ai repris la fouille d'un grand nombre de tumulus explorés de cette manière et trouvé les sépultures qui n'avaient pas été découvertes ; les urnes ne sont pas toujours au centre, loin de là, et elles sont souvent sensiblement séparées les unes des autres, quelquefois de deux mètres. Les outils doivent toujours frapper au-dessous du niveau du sol naturel, puis on procède par éboulements.

Quand on commence à voir la terre calcinée, il faut veiller et redoubler d'attention quand on est arrivé à la couche de cendres ; c'est là qu'on va trouver, parmi les cendres, le mobilier funéraire ; il faut abandonner les grands outils et les ouvriers continuent avec des petites pelles triangulaires en acier, très aiguisées.

Quand une urne est en vue, il faut la dégager entièrement de tous côtés avant de chercher à l'enlever et bien regarder autour et dessus ; c'est au-dessus surtout qu'étaient posés les colliers en pierre ou en bronze.

J'ai fouillé d'immenses tumulus en terre qui contenaient un galgal de pierres considérable, mais sans dolmen ; dans ce cas, il faut augmenter de largeur et même de beaucoup les dimensions de la tranchée pour éviter les éboulements qui mettraient tous les travailleurs et surveillants en danger ; Inutile d'ajouter que, pour tous les grands tumulus, il faut un va-et-vient de véhicules et de grands dégagements ; mes fouilles ont été souvent très longues, jusqu'à neuf jours sur le même tumulus avec douze terrassiers de choix et deux surveillants.

Peut-on dire qu'il y a eu aux temps préhistoriques des sépultures vides élevées pourtant avec de grands efforts par une tribu toute entière ;

je n'hésite pas avec preuve à l'appui à répondre affirmativement. J'ai trouvé des monuments de ce genre au bord de la mer et je ne vois qu'une explication : Les cadavres disparus en mer manquaient, le chef n'était plus, mais la tribu lui devait des funérailles et l'argile remplaçait dans les dolmens les absents que l'on ne pouvait incinérer.

Au Congrès archéologique de Bretagne, à Dinan, en septembre 1890, j'ai parlé des premières sépultures chrétiennes et traité la question des stone-cists.

On ne trouve pas dans ces tombeaux réduits les haches en pierre, les celtœ et les autres objets en quelque sorte sacramentels qui accompagnent l'urne dans les grandes sépultures dolméniques ; des vases y ont été déposés, mais ce n'était plus les urnes funéraires qui contenaient les cendres aux temps préhistoriques et l'usage s'est continué avec une destination différente pendant bien des siècles de notre ère.

Le christianisme a spiritualisé la croyance à l'immortalité ; il a conservé pendant une bien longue période de temps la coutume des vases funéraires en l'adaptant à l'esprit de ses dogmes et les vases déposés à côté du mort, dans ces sépultures par inhumation, contenaient ce qui lui avait servi de son vivant pour assurer son passage à une autre vie.

Ces sépultures historiques, dites trop souvent préhistoriques, surtout celles de l'époque de transition des premiers siècles de notre ère, ces stone-cists réduits, se trouvent toujours à une certaine profondeur dans la terre ; les constructeurs avaient donc d'excellents outils et l'époque ne peut être très éloignée.

La conservation des cadavres indique, d'autre part, un âge relativement récent et on ne peut admettre la conservation des corps, vêtements et coiffures pour une durée de quatre à cinq mille ans. Ce ne sont pas les premiers dolmens dont ils diffèrent absolument comme forme, dimensions, épaisseur des pierres ; les premiers dolmens sont très grossiers, pas rectangulaires, et posés à fleur de terre. D'autres dolmens, à mesure que l'outillage est devenu plus parfait, ont été plus profondément incrustés en terre, mais toujours de grandes dimensions avec le rite invariable de l'incinération.

Dans de grands dolmens du même genre, grands coffres en pierre sans tumulus, on trouve des squelettes avec armes en bronze et même en pierre ; ils appartiennent à notre ère, rite chrétien, mais j'ai trouvé aussi les tumulus païens des IIIe et IVe siècle.

A une époque antérieure, le christianisme avait déjà fait des progrès dans la Gaule, et vers cette époque les deux rites ont été simultanés dans des localités différentes.

Pour moi, il n'y a jamais eu, à proprement parler, qu'un seul peuple s'avançant toujours vers l'Ouest et s'augmentant par les émigrations continuelles de l'Est, où on a incinéré dès le début. Le résultat a été à un certain moment la succession de familles sur place avec conservation momentanée des mêmes usages, des mêmes monuments et en même temps des rites de religion et de sépultures tout à fait différents.

La loi chrétienne a ordonné à ceux qui se convertissaient à la foi religieuse nouvelle l'inhumation, mais il fallait tenir compte des usages du passé ; la pierre avait servi, on en a encore usé et les coffres en pierre de dimensions restreintes ont précédé les coffres en bois. Pour les grands personnages seulement il était possible de creuser le sarcophage dans le granit avec la forme du corps.

Je n'ai jamais trouvé aucun stone-cist sous un tumulus et j'ai toujours fouillé jusqu'au sous-sol primitif, mais il ne serait pas impossible d'en trouver sous un petit tumulus du commencement de notre ère ; j'ai cité des tumulus païens du IVe siècle : pourquoi n'y aurait-il pas des tumulus chrétiens de la même époque et des siècles suivants ?

Je peux dire avec une certitude absolue et par mes propres découvertes que, sous un grand tumulus renfermant un véritable dolmen ou une allée couverte, il y a très souvent des petites chambres ou coffres accessoires ; quelquefois ils touchent le dolmen, souvent ils en sont séparés et on les découvre, au bord du tumulus, sur le même niveau que la base du monument. Chaque fois que j'ai fait cette constatation, j'ai eu la certitude que ces sépultures accessoires étaient de la même époque que le dolmen et que le rite funéraire avaient été partout l'incinération et jamais l'inhumation.

J'en conclus que les stone-cists n'ont pas

précédé les dolmens, on ne peut l'admettre un moment, ils ne les ont pas accompagnés et on ne peut admettre non plus l'alternement.

Les différences sont trop tranchées pour la construction comme pour le rite ; la conclusion s'impose, ils ont suivi les derniers dolmens et tumulus du IVe siècle de notre ère.

L'histoire préhistorique vraie sera toujours le résultat d'une profonde expérience, et si les nouveaux ne savaient qu'approuver intégralement, sans examen, ce que leurs aînés ont constitué, ne reconnaîtraient-ils pas d'une façon implicite l'inutilité de leur venue en ce monde ?

Dans toutes les stations préhistoriques, dans tous les monuments mégalithiques, on trouve surtout les silex taillés seuls ou associés aux métaux et auparavant à la pierre polie ; quand on étudie les collections de silex taillés authentiques, on ne peut se défendre, de prime abord, d'un étonnement profond en retrouvant les mêmes formes, les mêmes procédés d'exécution, chez les populations séparées par l'immensité des mers.

Les silex taillés de l'Europe ne diffèrent nullement pour les formes des outils et des armes en obsidienne du Mexique et des silex d'autres pays ; si on mélange des haches et des flèches américaines avec les similaires européennes, il est difficile de les séparer ; voilà la meilleure preuve de cette vérité que j'ai soutenue dans mes ouvrages précédents : *L'Unité de l'homme à son début sur la terre.*

Un autre genre d'objets qui appartient à toutes les époques depuis les temps les plus reculés, c'est le grain de collier et la pendeloque ; j'en ai trouvé près de mille dans mes fouilles, quelquefois isolés et parfois réunis, mais toujours en petit nombre, ce qui me fait croire que les amis du mort ne voulaient pas déposer dans son tombeau la totalité de ces ornements rares qui étaient en même temps des fétiches et des talismans.

Dans les tombeaux les plus anciens de l'Egypte on les a trouvés réunis en grand nombre; mais là, la civilisation relative était en avance de bien des siècles sur la Gaule antique.

Tous ces grains sont polis à facettes plus ou moins nombreuses et absolument irrégulières; on voit qu'on a profité des moindres morceaux d'une matière première rare souvent transportée d'une autre contrée ; j'en sais quelque chose, car j'ai beaucoup étudié la minéralogie et la géologie.

Leur diamètre varie de 4 à 16 millimètres et le trou qui les traverse a bien rarement sa continuation dans le même axe ; il est clair que la perforation a été faite successivement des deux côtés, mais l'imperfection de l'outillage a presque toujours donné forcément l'oblique à la continuation d'un trou vers l'autre.

Ces grains sont aussi de formes plus ou moins arrondies et il y en a de toutes natures ; callaïs, jade, jaspe rouge, calcédoine à veines blanches ou claires, porphyre, terre cuite, ambre, agates variées, cristal de roche, verre, bronze et fer ; les descendants des familles préhistoriques ont parfois conservé précieusement quelques-uns de ces talismans qui avaient servi de parure à leurs arrière-aïeux.

En plus de ces amulettes, il y avait d'autres ornements ; les plus précieux à la fin de la période néolithique étaient en or. Je ne m'arrêterai pas aux colliers dont il a été souvent question et dont j'ai parlé moi-même. Je ne citerai aujourd'hui qu'un objet, une rondelle d'or que j'ai trouvée dans un dolmen fermé, en Moëlan (Finistère), en même temps que des pierres polies et taillées et des usoirs et percuteurs grossiers ; elle est percée au centre de deux trous et ornée au pourtour d'une double ligne ou pointillé, une ancêtre gauloise l'a portée sur le front supportant le fil destiné à maintenir la chevelure ; dans les cafés maures de l'Algérie on voit des femmes avec des parures de ce genre plaquées entre les sourcils.

A toutes les époques des temps préhistoriques, même pendant la dernière période des métaux, les nomades, faute de silex, de quartzite ou d'outils en métal, se sont partout servi de toutes les pierres qu'ils trouvaient sur leur passage et les ont taillées à leur usage.

Mes fouilles poursuivies pendant tant d'années m'ont amené à cette vérité incontestable qui m'a donné souvent de l'embarras pour la fixation des dates des sépultures et des stations ; des pierres travaillées, trouvées sur des points éloignés les uns des autres et certainement d'époques très différentes, ont une telle analogie qu'on pourrait, à première vue, leur donner la même date, tandis qu'après un minutieux examen des preuves ambiantes, on arrive à des conclusions toutes différentes.

En 1895 j'ai trouvé dans une sépulture en Gourin (Morbihan), à la limite même du Finistère, à 6 kilomètres de la ligne des grès, deux pierres de formation primaire employées comme armes sans modifications et sans retouches par les populations préhistoriques ; l'une en grès gris clair, celtœ hache de 0 m. 15 de longueur, 0 m. 11 de largeur et 0 m. 04 d'épaisseur au milieu ; l'autre en grès foncé rubané presque noir, projectile allongé avec pointe aux deux extrémités et un diamètre de 0 m. 065 au milieu.

Dans d'autres sépultures du Finistère j'ai trouvé des météorites et aussi un rognon d'agate, sphère de 0 m. 09 de diamètre. Ces objets avaient servi comme percuteurs et projectiles ou massues, le rognon d'agate avait trois éclats de son écorce enlevés au poinçon en silex, pour mettre la pierre bien en main.

Quelquefois ces pierres trouvées accidentellement plaisaient par leurs formes et étaient retouchées ; j'ai placé de champ, en premier plan au musée du Vieux-Châtel, une très belle hache en porphyre rouge, fossile intact d'un côté et de l'autre poli parfait jusqu'au tranchant ; dans une autre fouille j'ai trouvé un projectile allongé ayant servi sans retouche, nodule en grès très curieux comme échantillon de minéralogie ; dans toutes les sépultures à peu près au bord de la mer on trouve des galets intacts qui n'ont jamais servi, ce sont des pierres choisies parmi celles qui pouvaient le plus plaire à la vue.

Je fais l'histoire du Finistère seulement, aussi je ne parlerai pas des grandes grottes ni des habitations lacustres. J'ai trouvé quelques abris sous roches, mais peu importants ; en revanche, j'ai découvert un très grand nombre de stations et de campements souvent fortifiés et toujours à proximité d'un ruisseau ou d'une source.

Généralement le foyer était unique au centre d'un groupe d'habitations ; on fait souvent près de ces foyers des trouvailles très intéressantes et de tous genres ; on y découvre souvent en place des supports assez volumineux en terre cuite, d'autres en granit taillé en forme de cônes tronqués destinés à supporter devant le feu les récipients en terre cuite ou les plates-formes en pierre et, plus tard, en fer dont on se servait pour la cuisson de la nourriture.

Je cite d'abord comme type un foyer demi-circulaire de 2 mètres de profondeur avec 2 mètres d'ouverture à l'entrée laissée libre, tout le pourtour cerné d'un mur formé de pierres épaisses et larges posées de champ, alternant avec une maçonnerie en pierres brutes peu élégante mais très solide et par suite admirablement conservée. La base était au-dessous du niveau du sol et le tout pavé de grands éclats très plats de granit mêlés à l'argile plastique battue devenue d'une très grande résistance par suite de la calcination.

En Poullan j'ai culbuté l'emplacement d'un véritable village ; toutes les loges étaient à peu près identiques et avaient la forme de cuvettes allongées de 6 mètres sur 3 mètres, le pourtour au-dessous du niveau du sol exhaussé par des amalgames de terre et de petites ferrailles ramassées à la surface du sol aux environs ; les débris de ces huttes, branches et mottes, avaient recouvert les creux et formé depuis des siècles d'autres végétations.

Au milieu de chaque loge existait un petit foyer composé de moyennes pierres posées de champ et formant un carré de 0 m. 75 de côté sur 0 m. 25 de hauteur moyenne.

J'ai trouvé des huttes qui avaient eu pour murs de très petits cromlechs, dont les intervalles entre les pierres devaient être bouchés avec de la terre ; c'est dans ceux-là, au bord de la mer, que j'ai trouvé quelquefois des débris de cuisine, coquillages presque décomposés par le temps, mais conservant encore leurs formes par suite de la couverture épaisse tombée et offrant ainsi la garantie connue de la conservation en vase clos ; la couverture d'une hutte abandonnée et s'effondrant offre d'ailleurs encore après tant de siècles l'apparence d'une dépression sensible et non un tertre formant dôme.

A Lesconil, en Poullan, et aux environs, j'ai fouillé l'emplacement d'un nombre considérable de loges où j'ai reconnu partout l'industrie du clayonnage en terre cuite. L'expérience avait déjà appris à recouvrir d'argile les huttes formées de petites branches, puis de solidifier par le feu et de rendre étanche et solide l'enveloppe extérieure.

Plus tard, ce procédé a trouvé son application sur une plus large échelle dans la construction des fortifications vitrifiées de certains campements ; on peut voir dans le musée du Vieux-Châtel des échantillons où on peut constater que les pierres les moins fusibles ont été fondues.

A Lesconil, le diamètre des loges variait de 2 à 5 mètres et le principal foyer se composait de six grandes pierres plates posées sur champ.

Au Vieux-Châtel, j'ai fait la découverte d'une très importante station néolithique et fait la fouille d'un grand village préhistorique. J'ai trouvé des substructions multiples en pierre indiquant un grand nombre d'habitations, toutes de mêmes dimensions à peu près, et qui avaient été couvertes par le système du clayonnage ; j'ai trouvé là partout les nombreux débris de cette intelligente industrie.

Il en est de ces habitations primitives comme des palafittes et on peut dire qu'il n'y a pas pour l'un comme pour l'autre genre d'habitations deux âges différents comme quelques auteurs l'ont insinué ; les pilotis comme les huttes sont de tous les siècles et on y voit après comme avant l'apparition des métaux les changements que l'expérience indiquait aux fabricants comme plus avantageux et plus pratiques.

Ces habitants des villages lacustres ne différaient en aucune manière de ceux qui construisaient des cabanes à moitié enfouies dans le sol ; il n'y avait pas des lacs partout et, dans certaines agglomérations souvent assez considérables, il n'y avait le plus souvent que des foyers communs en dehors des habitations. La céramique est la même; c'est donc bien les mêmes époques, le même peuple. Les émigrations successives n'ont rien changé et les vieux usages ont subsisté avec adoption souvent de ceux apportés ; le tout avec la lutte pour la vie toujours constante.

Les Romains, en construisant leurs camps sur des hauteurs, à peu de distance de l'eau, où pouvait les conduire une douve fortifiée des deux côtés, n'avaient fait qu'imiter les Gaulois qui avaient eu la même idée assez longtemps avant la conquête.

C'est dans ces campements que l'on trouve le plus de meules dormantes ; ces grandes pierres plates, peu à peu creusées par l'usage, sur lesquelles on écrasait avec des molettes tenues à la main tout ce qui pouvait être utilisé, rappellent les temps absolument primitifs et une des premières idées de l'homme poussé par la nécessité et devenu vite ingénieux.

Sa première nourriture était certainement bien grossière et il fallait la broyer dans beaucoup de cas ; à cette époque si lointaine l'homme a mangé tout ce qu'il a pu, les animaux de toutes sortes qu'il a pu se procurer, mais aussi des végétaux ; il a été végétarien en grande partie et s'est nourri bien souvent de diverses plantes à sa convenance qu'il écrasait entre deux pierres d'une façon plus ou moins complète.

Avec le temps la meule dormante s'est perfectionnée et est devenue le mortier de plus en plus soigné et la molette grossière est devenue le triturateur en pierre polie.

Beaucoup de personnes ne croyaient pas que l'invention des moulins fût préhistorique, c'est pourtant la vérité.

Les galets larges de 7 à 15 centimètres en moyenne, creusés peu profondément, et les galets plus petits et de forme allongée qui, pour donner la première impulsion, étaient posés perpendiculairement dans le creux des premiers posés horizontalement ; voilà le début après l'usage des meules mues à la main. Le système prouve de l'imagination et a été trouvé à un moment où les populations errantes se sont fixées à peu près définitivement et ont établi leurs premiers villages.

Les deux meules percées de part en part supportaient l'une, l'inférieure, le galet horizontal incrusté, et l'autre portant à sa base le galet allongé formant pivot et descendant au centre du trou du galet inférieur, de sorte qu'en surélevant ces deux meules sur une petite construction formant vide à l'intérieur le grain, versé au trou supérieur, était reçu dans un récipient placé sous les meules dès qu'on donnait l'impulsion qui pouvait, dès cette époque, être mécanique au moyen d'un appareil très élémentaire utilisant la force du vent.

Ce système a été perfectionné ensuite et les meules, qui de 32 centimètres de diamètre étaient arrivées à 45 et plus, augmentaient encore et arrivaient plus tard avec la taille de la pierre, toujours en granit, à des dimensions de diamètre de plus en plus considérables, 60 à 80 centimètres ; enfin un mètre environ.

Il faut arriver presque à notre époque au début des transports faciles pour trouver le premier emploi de la pierre meulière pour les meules.

Les Romains devaient perfectionner de plus en plus l'utilisation des forces à tirer des chutes d'eau, en même temps que le système des moulins à vent s'améliorait pour tous les endroits où, l'eau faisant défaut, il fallait employer un autre moyen naturel d'impulsion.

Ces moulins, améliorés avec galets, ont été installés de la façon suivante :

Dans le lit du plus petit ruisseau, avec chute naturelle ou artificielle, le galet était assujetti en l'incrustant dans une bille de bois au niveau inférieur de l'eau ; une autre bille de bois, portant à sa base le galet allongé assujetti, descendait dans le plan vertical, au centre du trou du galet horizontal.

Une petite turbine à augets était fixée un peu au-dessus des galets pour recevoir la plus grande quantité possible d'eau.

Voilà la force trouvé, il fallait l'utiliser et ce n'était plus difficile ; l'extrémité du montant était fixée à une des meules, l'autre restant fixe, et le travail de broyage s'opérait vivement.

Les galets sont d'autant plus petits que le moulin primitif ou amélioré est plus ancien et, lorsque le poli du galet supérieur, par suite du frottement, avait trop gagné sur le galet inférieur, on le changeait de bout, de même qu'on changeait le galet inférieur de côté.

J'ai trouvé dernièrement deux petits galets rarissimes en porphyre noir, le galet supérieur a servi aux deux bouts d'un admirable poli et n'a que 32 millimètres de longueur ; le galet inférieur a 55 millimètres dans son plus grand diamètre. J'en ai d'autres de toutes tailles, de 7 à 15 centimètres de diamètre.

Il y a bien d'autres raretés au musée du Vieux-Châtel, où on peut voir une quantité d'objets qui n'existent dans aucun musée, entre autres la série de granits taillés ; je suis le premier signalant au monde savant le granit taillé employé seul, à l'exclusion de toute autre pierre, pour les nécessités multiples de la vie primitive ; est-ce à dire pour cela qu'on ne pourrait pas trouver ailleurs des types de ce genre ? Le fait est possible et même probable, puisque à toutes les époques, le même instinct a dirigé les hommes qui n'avaient pas entre eux de communications et obéissaient à la tradition de la première famille, avant la séparation ; mais rien n'a été signalé dans cet ordre d'observations.

Il y a, en effet, pour la découverte de ce genre d'objets, de grandes difficultés ; dans tous les milieux sauf pourtant l'argile compact, les pierres travaillées en callaïs, jade, fibrolite, diorite, quartz, silex et quartzite prennent la patine des siècles, mais les terres ne s'y attachent pas et la pioche qui les découvre les fait reconnaître à première vue.

Il n'en est pas de même pour le granit dans un pays où cette pierre abonde ; les petits tumulus ne contiennent ni dolmen, ni sarcophage ; ils ne sont pas formés par un galgal surmonté de terre choisie sans pierres ; ces sépultures ne se composent que de terre végétale et de pierres ramassées à la surface du sol et absolument mélangées.

La terre, pendant tant de siècles, s'est attachée aux pierres travaillées et il faut un observateur prévenu et très exercé pour les distinguer des pierres brutes.

Les objets reconnus bons doivent être mis à sécher sur des étagères, puis brossés deux mois après, jamais lavés. La patine du temps paraît alors frappante, ce dont il est facile de s'assurer au musée du Vieux-Châtel, où on peut observer des centaines de types de ce genre complétant les milliers d'objets qui composent ma collection préhistorique.

J'ai, parmi bien d'autres, fabriquées avec d'autres pierres, un grand nombre de rondelles en granit, fétiches déjà connus à l'âge quaternaire et qui n'avaient aucune utilité apparente ; j'ai déjà dit qu'elles étaient la représentation de la voûte céleste ; l'usage des rondelles s'est perpétué depuis à toutes les époques des temps néolithiques.

J'ai fait en ce genre des trouvailles répétées de toutes les époques, polies ou taillées en granit, en silex, en schiste, en quartz, en grès, et tout dernièrement, dans une sépulture, une rondelle en nacre de 6 millimètres de diamètre ; d'autres ont plus de trente fois cette dimension.

L'objet le plus remarquable de la série, trouvé dans une grande sépulture, est un sceptre massue en granit poli de 0 m. 38 de longueur ; il a une courbure très prononcée et se compose d'abord de la poignée arrondie d'un diamètre de 6 centimètres au début, s'élargissant peu à peu jusqu'à 8 centimètres au point où commence véritablement l'arme aplatie et terminée en pointe, avec 14 centimètres de diamètre au milieu et la forme d'une tête de vipère ; avec cette différence de forme et de largeur on distingue parfaitement un étranglement cherché vers le milieu de cette arme remarquable, probablement unique, que j'ai vu sortir de terre intacte.

Il est une question qui a préoccupé le monde savant, c'est celle des menhirs et de leur destination. Les menhirs ne sont pas des sépultures, ils n'en sont que les accessoires et toujours un hommage à la divinité.

Il y a des menhirs de toutes tailles, et tous les alignements sont formés par une suite de pierres levées debout, soit des menhirs rangés sur une ou plusieurs lignes, avec d'autres isolés ou offrant des lignes perpendiculaires aux premières.

Dans d'autres endroits, nous les trouvons en lignes ou isolément, à très peu de distance des dolmens sépultures. J'en ai vu, dans ce dernier cas, qui avaient été dégrossis et affectaient la forme de la hache celtique.

Je vois, dans ces menhirs comme dans les alignements, un hommage rendu à la divinité pour protéger les morts ou la station temporaire de la tribu.

Le fait n'est pas douteux pour les alignements si curieux de Crozon et la question est jugée d'avance, surtout pour l'un de ces groupes de menhirs alignés ; le monument qu'ils ont l'air de protéger est, à n'en pas douter, un sanctuaire, un lieu de réunion, et la tradition a conservé son nom en l'appelant encore la chaise du prêtre ou la maison du curé. Je traduis du celte : *Kador ar Person, Ty ar C'huré.*

Même remarque à faire pour les menhirs du temple des faux dieux.

D'autres menhirs, formant une enceinte, portent le nom de cromlech ; c'est encore un lieu de réunion, un sanctuaire ; et les menhirs isolés que l'on voit souvent aux environs du cromlech ne sont, comme ceux qui forment l'enceinte, que des *ex voto* à la divinité à qui on rendait hommage dans ces réunions. Les objets trouvés à l'intérieur ne font pas partie d'un mobilier funéraire, ce sont aussi des *ex voto*.

Les menhirs ornés de figures, d'autres de cupules ou affectant une forme particulière, la forme arrondie, si caractérisée par exemple, sont des menhirs-autels ; ces peuples primitifs ont eu, comme les Romains, des cultes bien divers ; la tradition s'en est conservée et certains menhirs sont encore aujourd'hui l'objet d'un culte très spécial de la part des deux sexes qui vont les visiter dans un costume primitif.

Ces constatations sont une donnée historique incontestable et il faut se bien persuader, malgré les opinions passées, que ces monolithes isolés ou réunis en alignements ou en cromlechs ne sont pas des sépultures, mais des monuments essentiellement religieux, et les objets trouvés à l'intérieur sont des offrandes pieuses.

Les enceintes sacrées affectent toutes les formes, leurs dimensions sont très diverses, ainsi que les matériaux employés à leur construction, et j'ajoute que l'on peut trouver des sépultures à l'intérieur de ces lieux consacrés ; le fait est rare, mais je l'ai pourtant constaté plusieurs fois ; il faut voir là le dépôt dans cette enceinte fermée des cendres du chef religieux, du Druide qui devait reposer dans le sanctuaire, comme de nos jours les évêques dans leurs cathédrales. Une table de dolmen recouvrait toujours les cendres.

Le cromlech est généralement un cercle, mais il affecte bien d'autres formes : le carré, le rectangle, l'ellipse, et aussi la forme de la hache celtique. Une planche dans un de mes ouvrages donne la mesure et le contour du plus grand de ces sanctuaires (200 mètres sur 100 mètres) avec la forme parfaitement exacte du celtœ le plus parfait, il est situé sur un point culminant des montagnes de Ménez-C'hom. L'entourage n'est pas toujours en pierres levées et la clôture est souvent en terre ou en pierres brutes, amoncelées, lorsque le manque de grandes pierres ne permettait pas d'élever des menhirs et forçait les constructeurs à employer d'autres matériaux.

Un petit cromlech, enceinte en terre, protégée par un alignement de trois menhirs, près du village de Kervigen, en Plomodiern (Finistère), m'a donné, pour mon musée, plus de trois cents objets de premier choix, après avoir rejeté tous les éclats de silex qui n'étaient pas assez caractérisés. Je cite :

Un sceptre en schiste finement taillé et rappelant la faucille d'or des Druides ;

Une grande hache à deux larges tranchants de 0 m. 38 de longueur ;

Un marteau très lourd en diorite amphibolique, couvert de cercles gravés et enchevêtrés en tous sens, pièce absolument rare et très curieuse ;

Une hache herminette en diorite poli avec courbe très prononcée ;

D'autres haches en pierre polie : jade, silex, fibrolite, diorite, grès, etc...;

Un usoir à rainures pour polir les haches, des galets à rainures circulaires ;

Des rondelles finement travaillés, d'autres polies ;

Des couteaux en silex et d'autres silex taillés pour tous les usages ;

Des pesons de filets ;

Des pointes de lance, des gouges, des celti-formes ;

Enfin des usoirs et des percuteurs, en un mot un véritable musée.

Le moment est venu, je crois, de faire l'historique de quelques tumulus, en y ajoutant mes conclusions ; je choisirai, au milieu d'un nombre absolument considérable, ceux qui offrent quelques particularités saillantes.

TUMULUS DE LA MOTTE

LOCRONAN (Finistère).

Avant ma visite, j'avoue que cette désignation ne me donnait pas une grande confiance ; je savais que cette butte avait été la motte féodale des barons, marquis de Névet (1), mais je voyais

(1) Les bretons l'appelaient *Ar-Vouden,* traduction la motte.

vers le haut, à l'intérieur de la butte, un poste
voûté en maçonnerie romaine ; c'était pour moi
l'indication certaine ; ni les Romains, ni les
barons chrétiens n'avaient construit cette butte
sur ce point culminant ; c'était un tumulus,
j'en étais certain d'avance, et je voyais là la
succession continue des peuples et des usages
avant et après l'histoire.

Le galgal, en grosses pierres, avait au centre
une hauteur de 3 mètres sur 15 mètres de
diamètre et formait dôme parfait ; un immense
tumulus en terre très fine et choisie, sans la
plus petite pierre, recouvrait et débordait de
partout ce galgal, formant avec lui une masse
de 5 m. 50 de hauteur sur 50 mètres de diamètre.

Jamais cette sépulture n'avait été violée et
les coupes successives m'en ont donné l'assurance ; j'ai constaté au-dessus du galgal, sans
mélange de terres dans toutes ses parties, un
léger vide provenant du tassement, puis les
marques d'un feu violent indiqué par des
cendres noires à chaque couche de terre, de 6
à 8 centimètres ; ces lignes, formant toujours
dôme l'une sur l'autre, jusqu'au haut du

tumulus, sauf dans la partie qui avait été occupée par les Romains.

Je vois dans cette répétition, que je n'ai vu qu'une fois depuis, une succession d'hommages à la divinité et au chef religieux qui en avait été sur la terre le réprésentant, à un Druide de cette époque si reculée ; tout dans ce tumulus grandiose, sépulture d'un illustre chef, indique l'époque : il faut reculer de trente siècles avant notre ère et voir là un monument antérieur à l'âge des dolmens.

Il était établi sur l'emplacement même où avait eu lieu l'incinération ; sur le sol végétal que j'ai retrouvé calciné, les cendres étaient très abondantes et, au centre, on distinguait quelques rares débris de poteries extrêmement grossières. A ce point, les cendres étaient en bien plus grande épaisseur au milieu d'un petit cercle de pierres, sorte de corbeille protectrice de l'urne cinéraire.

J'ai trouvé dans ce tumulus beaucoup d'objets appartenant à l'ancienne époque celtique et spécialement une hache du premier âge de ces armes polies sur toutes les faces.

Dans le poste romain, j'ai trouvé des objets variés et entre autres des moules en marbre, une lampe en bronze et un fétiche intact des plus curieux ; c'est un bronze gravé au burin sur lequel on voit, en grand relief, le dieu Pan aux pieds de bouc portant sur la tête une corbeille de fruits avec la flûte à sept tuyaux ; à ses pieds, de chaque côté, un faisan et au-dessus des têtes de faunes, enfin aux deux extrémités des satyres.

TUMULUS DE KERBERNEZ

En BRIEC (Finistère).

En entrant dans la pièce de terre où était situé ce remarquable monument, j'ai été frappé par ses dimensions si imposantes et sa parfaite régularité ; il paraissait vraiment grand, malgré le voisinage des hautes cîmes de la chaîne des montagnes d'Arrhée ; cet endroit porte le nom de *Goarem-an-Tuchen* (traduction du celte), le champ de la butte.

Le diamètre était de 35 mètres et la hauteur 6 mètres au-dessus du sol à la perpendiculaire du centre ; j'ai attaqué à l'est, par une tranchée de 10 mètres, avec douze hommes de choix et deux charrettes à bras ; j'ai assisté chaque jour au travail qui a duré 45 heures.

Toutes les coupes du tumulus m'ont indiqué de la façon la plus précise que la terre n'avait jamais été remuée depuis sa construction et qu'il était absolument intact ; il était composé d'argile homogène, choisie et apportée d'ailleurs, et le galgal en pierres n'avait qu'un mètre de hauteur avec 2 mètres de diamètre de plus que la grande crypte sépulcrale, dolmen prolongé qui va nous livrer ses secrets. Les sondes me l'avaient indiqué le 3e jour au-dessous du niveau du sol et, le soir, j'installais la tente des gardes de nuit, excellente chose pour éviter les indiscrétions.

Le dolmen avait la direction N-O S-E et il avait à l'intérieur 2 m. 90 de longueur, 1 m. 34 de largeur, sur 2 m. 40 de profondeur ; ce qui, avec l'épaisseur des tables, 0 m. 35 en moyenne, mettait les urnes à 8 m. 75 au-dessous du sommet du tumulus.

Devant cette hauteur, cette accumulation, notre imagination cherche la pensée intime d'un peuple primitif, faisant tant d'efforts pour préserver à jamais de toutes violations les cendres du chef à qui tous avaient obéi aveuglément pendant la vie.

Les tables en schiste, plus ou moins superposées et doublées l'une sur l'autre, étaient supportées par des murs de 0 m. 55 d'épaisseur, en grès et schiste très mal construits, dès le début, ce qui avait forcé d'ajouter à l'intérieur quatre grands schistes protecteurs formant contreforts ; j'ai vu mieux et même bien près de là, mais pour des dolmens des époques postérieures.

A Kerbernez, il y a eu les constructeurs de la première heure employant les matériaux qu'ils avaient pu se procurer et devançant de quinze siècles, par leur intelligence native, leurs successeurs qui devaient construire ces dolmens si solides avec tables supportées par des murs parfaits, avec encorbellement, chaque pierre dépassant régulièrement celle qui est au-dessous.

Au fond de la crypte, il y avait une énorme quantité de cendres et, vers le milieu, trois urnes fabriquées à la main, sans le secours du tour. Le rite de l'incinération n'est pas douteux et les pierres taillées en schiste, quartzite et silex indiquent une grande ancienneté ; tout nous dit l'enfance de l'art et nous met en présence des premiers maçons bretons.

LES DEUX TUMULUS DE KERVINI

En POULLAN (Finistère).

Lorsqu'on quitte la chaussée du bras de mer qui forme un des ports de Douarnenez, on passe à Pouldavid, dont la traduction en langue celte rappelle sa légende, qui veut voir dans cette vallée couverte d'eau les restes de la ville d'Is et le tombeau de la fille du roi Gradlon.

En continuant vers Pont-Croix, la route a une pente toujours ascendante de 5 kilomètres jusqu'au plateau culminant en Poullan ; c'est là que j'ai trouvé les deux tumulus contenant chacun un dolmen sépulcral et séparés par une distance de 15 mètres.

Quel emplacement bien choisi et quelle vue splendide, on dirait une intention ; il fallait, après la mort, que les deux chefs dormant dans leurs cryptes souterraines puissent encore surveiller leur immense pays de chasse et de pêche, les campements divers de leurs tribus et les trois cents monuments mégalithiques que l'on peut compter sur ce côté de la baie de Douarnenez.

J'ai commencé cette fouille, le 18 août 1887, par le tumulus le plus au sud, les deux se trouvant par leur section centrale sur la ligne parfaite du nord au sud. J'ai attaqué à la fois ses deux extrémités dans l'axe de l'est à l'ouest.

Le diamètre était de 20 mètres et la hauteur 3 m. 50, dont 2 mètres de galgal. J'ai découvert d'abord un menhir de 2 mètres de hauteur puis un demi-cromlech ; chaque pierre de 1 mètre de hauteur ayant une face concave tournée vers le dolmen ; j'étais déjà bien certain d'être en face d'une grande sépulture.

Le dolmen était recouvert de deux tables supportées par un mur formant rectangle parfait en maçonnerie sèche, sans encorbellement ; la crypte avait à l'intérieur 1 m. 20 au-dessous des tables, sur 1 m. 20 de largeur et 3 m. 20 de longueur. Le pavé était rudimentaire, mais comblait bien tous les interstices du roc pour former un travail d'une apparence régulière. Je résume :

Epaisseur du pavé. . . . . 0^m20
Vide intérieur 1 20
Epaisseur des tables du dolmen.. . 0 40
Le dessus de ces tables avait en
  contre-bas du sol. 0 30

Total. . . . . . 2^m10

En entrant dans le dolmen, j'ai vu qu'il y avait beaucoup de cendres, mais pas d'urnes, et j'ai tout lieu de croire que le produit de l'incinération avait été déposé dans un récipient en bois.

Le surlendemain 20 août 1887 j'attaquais le second tumulus, de mêmes dimensions que son voisin, par une section du centre vers l'est qui m'a fait arriver au centre même de la porte composée d'une seule pierre de 0 m. 20 d'épaisseur, s'appliquant parfaitement aux bords des supports et à la face inférieure de la table, mais j'ai pu très facilement la tourner de côté avec un levier.

J'ai pu constater aussitôt que la crypte formait un rectangle parfait aux grandes pierres, piliers supports, monolithes, table d'énormes dimensions, brutes à l'extérieur, à faces lisses à l'intérieur et régularisées à leurs points de jonction, de façon qu'il n'y avait d'aucun côté aucun interstice, ni intervalle entre les piliers, ni entre ceux-ci et la table ; le dolmen était bien fermé.

Il avait à l'intérieur 2 m. 80 de longueur sur 1 m. 38 de largeur et 1 m. 33 de hauteur ; une seule table placée bien de niveau et supportée par cinq supports le recouvrait ; cette énorme pierre avait 3 m. 30 de longueur, 2 m. 18 de largeur et une épaisseur de 0 m. 35 ; le pavé se composait de dalles de 0 m. 40 de côté en moyenne, parfaitement juxtaposées.

Il y avait beaucoup de cendres, mais pas d'urnes, comme dans l'autre tumulus, et en revanche le mobilier funéraire, à peu près identique, était bien riche dans l'un comme dans l'autre ; cette double fouille m'a donné, en effet :

2 larges épées \
1 grande lance } en bronze.
5 poignards /

63 pointes de flèche en silex à ailerons allongés et pédoncules courts, d'une finesse extrême et d'une remarquable perfection de travail ; ces pointes sont des plus rares et l'Europe comme le reste du monde n'en a fourni que bien peu.

15 silex ou quartz taillés.

86 objets en tout.

En conclusion, tout m'indique que ces deux dolmens n'ont pas une grande différence d'âge, ils sont du même siècle, entre le IV et le VII avant notre ère.

LES ALLÉES COUVERTES

On donne ce nom à une suite continue de dolmens ; les plus anciennes remontant à une très haute antiquité, trois mille ans environ avant notre ère, sont les dolmens sans table ;

toutes les pierres posées presque verticalement se rejoignant par le haut et formant ainsi toiture.

Quelques pierres brutes, constituant des contreforts et en même temps des alignements, les solidifient par le bas ; je n'en connais que deux très remarquables dans le Finistère, l'une à Poullan composée de seize grands mégalithes y compris les deux qui le ferment aux extrémités ; la deuxième est celle de Castel-Ruffel, en Saint-Goazec ; toutes deux sont orientées du nord au sud.

Les dolmens ordinaires qui ont été construits après ce premier essai sont composés de trois, quatre ou cinq supports sur lesquels on posait une table, mais ces pierres sont encore brutes, peu choisies ; souvent le monument est loin d'être régulier. Le progrès s'est ensuite fait sentir et les plus beaux souvenirs de l'art mégalithique sont représentés par les belles allées couvertes du Finistère.

Ces monuments sont rarement recouverts de véritables tumulus ou de tombelles allongées en pierres et en terre, mais ils sont remplis de terre et de pierres rangées jusqu'au sommet des supports qui soutiennent la table ; cette terre alternant presque toujours avec des pierres plates choisies, provenant souvent d'un endroit assez éloigné et posées à plat les unes sur les autres avec beaucoup de soin.

Nos dolmens du Finistère, surmontés d'un tumulus, sont au contraire toujours vides ; on n'y trouve que les cendres et le mobilier funéraire ; dans les plus anciens les tables reposent sur des supports ; plus tard, ces piliers ont été remplacés par la maçonnerie en pierres sèches.

J'ai visité bien des allées couvertes et mon musée s'est enrichi grandement de ces fouilles ; celle qui m'a fourni le plus est celle de Telgruc où j'ai trouvé des scies en silex remarquables, des haches en pierre polie du plus beau travail et aussi des pendeloques finement polies.

LE TUMULUS DE SAINT-GOAZEC
(Finistère)

Son diamètre était de 20 mètres et sa hauteur 1 m. 60 seulement, dont moitié en galgal composé de grosses pierres de quartz et de schiste placées sans beaucoup d'ordre, sauf aux approches du dolmen.

Le dolmen souterrain recouvert par trois petites tables, sans aucun interstice, avait en dimensions intérieures 2 m. 30 de longueur, 1 m. 50 de hauteur et en largeur 1 m. 25 en bas et 0 m. 60 en haut ; c'est la perfection dans l'encorbellement de murs très réguliers en pierres plates.

L'urne, faite au tour, très soignée, à quatre anses, forme surbaissée, admirablement conservée, était remplie de cendres et posée au fond de la crypte, recouvert de 3 centimètres de cendres, sur lesquelles on avait jeté quelques petits galets de rivière, suite du rite religieux.

Ce tumulus est bien de l'âge du bronze ; il est de la dernière époque, mais il ne contenait pas de mobilier funéraire.

LE GRAND TUMULUS DE TELGRUC
(Finistère).

Je le désigne ainsi pour le distinguer des nombreux monuments du même genre, mais plus petits, que j'ai fouillés dans cette commune.

Le tumulus de 28 mètres de diamètre sur 4 mètres de hauteur recouvrait un dolmen souterrain à peu près de mêmes dimensions que celui de Saint-Goazec, sauf la hauteur qui était de 1 m. 70 ; une seule table posée sur des murs à encorbellement le recouvrait ; il n'y avait pas d'urne, mais j'ai trouvé au milieu des cendres très abondantes une faucille en fer et à douille très curieuse et plusieurs autres instruments en fer ainsi que des silex taillés.

La perfection du monument et des outils indique de la façon la plus précise une époque très rapprochée de notre ère et je peux dire de ce tumulus, comme d'un autre où j'ai trouvé une urne remarquable à double cuisson et aux reflets métalliques : nous approchons de l'âge de l'histoire. Dans ce dernier tumulus j'avais trouvé, sur l'urne remplie de cendres, un collier en grosses perles de bronze et une pointe de flèche en silex.

TUMULUS DE SAINT-HERNOT
EN CROZON (Finstère)

C'était plutôt un tertre très peu visible d'un diamètre de 7 mètres sur 1 mètre de hauteur au centre ; il était composé de terre et de quelques grosses pierres mais sans galgal proprement dit et à 50 centimètres au-dessous du niveau du sol, je trouvais une couche d'argile blanche battue et mêlée à des galets de la mer ; cette composition était devenue très dure et c'est sous cette protection que se trouvait le sarcophage que j'ai fait transporter au musée du Vieux-Châtel.

Sept pierres plates formaient les côtés et une autre la table de recouvrement, le tout parfaitement juxtaposé ; le fond présentait une couche de galets de toutes couleurs cimentés par de l'argile battue et formant un très joli et excellent pavé.

Ce dolmen en miniature de 1 m. 10 de longueur, 0 m. 50 de largeur, 0 m. 36 de hauteur, contenait des cendres, une urne, une hache, véritable bijou en fibrolite très rare, de 3 centimètres et demi de longueur, un très beau pilon triturateur à deux côtés et quelques percuteurs en pierre.

Malgré l'absence du métal, je n'hésite pas à classer ce diminutif de crypte mégalithique à la dernière époque ; la profondeur dans le sous-sol, le genre de travail, tout indique l'outillage par le métal, malgré le manque d'objets de cette catégorie.

LES TROIS TUMULUS DE SAINT-THOIS

(Finistère)

Tous les trois en ligne, de l'est à l'ouest, étaient à 150 mètres l'un de l'autre et occupaient le point culminant de la chaîne de montagnes.

Iº Le premier à l'est, était très petit, 4 mètres de diamètre sur 1 mètre de hauteur au-dessus du sol ; il se composait d'un galgal recouvert d'un peu de terre ; à 1 m. 50 de profondeur, c'est-à-dire à 0 m. 50 au-dessous du sol naturel, j'ai fait la découverte d'un dolmen réduit, mais très bien construit en schistes plats sur le dessous, les 4 côtés et le dessus ; largeur 0 m. 34, hauteur 0 m. 23, longueur 0 m. 53 ; il ne contenait que des cendres ; je l'ai envoyé au musée du Vieux-Châtel.

IIº Le second tumulus n'avait que 0 m. 80 au-dessus du sol, mais le travail réel était au-dessous à 1 m. 60 de profondeur, ce qui mettait l'urne à 2 m. 40 au-dessous du sommet du tumulus ; ce monument mégalithique était réellement remarquable à l'intérieur par son double cromlech de menhirs d'une hauteur de 2 mètres en moyenne ; l'urne contenait des cendres et l'incinération avait eu lieu à la base du tumulus, où je n'ai trouvé que deux rondelles.

III° Le troisième tumulus était très grand, 36 mètres de diamètre sur 4 mètres de hauteur ; il avait été fouillé par un explorateur malheureux qui avait fait au centre un puits de 4 mètres de diamètre en moyenne, cône très évasé du haut et rétréci dans le bas. Ma visite m'a démontré qu'il n'avait trouvé que de la terre très choisie du reste sans mélange de pierres et dessous pas de galgal.

Ce fait de l'absence absolue des pierres dans un pays où il y en a tant me paraissait absolument extraordinaire ; j'ai attaqué de suite le côté est ; il fallait trouver le dolmen que ma grande sonde m'a bientôt indiqué.

Ce monument, recouvert d'un galgal, avait sa table supérieure à 0 m. 60 au-dessous du sol, ses dimensions intérieures étaient de 2 m. 15 de longueur, 1 m. 30 de largeur, 1 m. 60 de hauteur ; il contenait l'urne cinéraire remplie de cendres, le surplus répandu au fond de la crypte vide d'ailleurs de tous autres objets.

Cette urne, faite au tour, style romain, poterie fine , de très peu d'épaisseur, bien cuite et très bien conservée, indique l'âge précis ; elle nous dit qu'il faut fixer la construction de ce grand tumulus à une époque très peu postérieure à la conquête et y voir le tombeau d'un chef gaulois du début de notre ère.

Les deux autres tumulus, quoique bien différents, sont certainement de la même époque et élevés par la même famille à la mémoire de morts de condition élevée, mais de rangs différents.

DOLMEN SOUS TUMULUS DE PENANEC'H

EN BRIEC (Finistère)

Le tumulus n'était en réalité qu'un petit tertre très peu élevé et au-dessous un galgal presque plat et de très peu d'étendue ; mais le tout cachait un magnifique dolmen.

Une seule table. de 4 m. 30 de longueur sur 1 m. 90 de largeur, le recouvrait posée sur des murs bien faits, en pierres sèches, s'élevant jusqu'à 0 m. 45 au-dessous du niveau du sol ; il n'y avait pas de pavé et le fond se composait d'argile compacte battue ; les dimensions intérieures étaient 2 m. 75 de longueur, 1 m. 50 de largeur, hauteur 1 m. 70.

J'ai trouvé là les cendres mêlées de petits ossements incinérés et l'urne à quatre anses, très élégante, faite au tour, poterie soignée et d'une régularité parfaite. Sa hauteur est de 0 m. 23, sa largeur au renflement angulaire du milieu 0 m. 24 avec 0 m. 15 de largeur à l'ouverture. J'ai trouvé, en outre : une pointe de lance en porphyre taillé, une très petite pointe de flèche en diorite poli et un discoïde en schiste, de 0 m. 08 de diamètre, percé au centre d'un trou évasé aux deux entrées.

Ces derniers objets ne sont pas d'un fini achevé comme l'urne ; mais cela ne m'empêche pas de conclure que le dolmen est absolument de la dernière époque où on se servait régulièrement des métaux en même temps que des pierres polies et taillées.

TUMULUS DE KERREHOU
EN BEUZEC-CAP-SIZUN (Finistère)

Ce petit monument, de 9 mètres de diamètre sur 1 m. 50 de hauteur, était en terre sans pierres avec un très petit galgal pour protéger la sépulture. Il n'y avait pas de dolmen et j'ai trouvé là, posée debout, une grande urne en bois remplie des cendres et des petits ossements incinérés qui débordaient de toutes parts ; elle avait 0 m. 30 de hauteur, 0 m. 20 de largeur et des parois d'une épaisseur de 0 m. 04.

Les quatre pierres taillées trouvées, indiqueraient une origine ancienne, mais l'urne dit le contraire ; les constructeurs avaient des instruments en métal pour façonner le bois ; cela indique un nombre très limité de siècles avant notre ère, cinq au plus.

LES
DEUX GRANDS TUMULUS DU VIEUX-CHATEL
(Finistère)

Je cite ces deux là seulement, car j'en ai fouillé d'autres et en très grand nombre dans mes bois.

I⁰ Le premier, à peu de distance du village de Mescalet, formait immense dôme que j'ai fouillé il y a bien des années ; c'était un magnifique tumulus avec un galgal considérable et dessous un dolmen composé d'une immense table soutenue par des supports espacés et profondément incrustés dans le sous-sol ; la différence est sensible, si on compare ce monument aux dolmens dont les supports se touchent complètement.

J'ai trouvé là, avec des cendres et l'urne faite au tour, sans anses, très fine, très soignée et garnie dans toute sa hauteur d'ourlets alternés en creux et en saillie :

Un marteau pilon celtiforme en diorite poli ;

Deux pointes de flèche en silex à ailerons et pédoncule ;

Une hache en fibrolite polie ;

Une tranche en fer bien conservée ;

Un grattoir en diorite poli.

L'âge est indiqué, c'est le début de l'emploi du fer, le VIIIe sièle avant notre ère.

II° L'autre grand tumulus était à l'autre extrémité des bois, vers l'est ; il recouvrait une immense roche que j'ai pu lever facilement avec mon grand cric et j'ai trouvé dessous une corbeille ovale, en petites pierres, contenant les cendres et un petit usoir très curieux, à trois angles et trois faces, de service, en porphyre rouge.

Ces deux tumulus sont bien loin d'être du même âge et je suis d'avis, pour le second, de reculer de près de trente siècles avant notre ère.

LES GRANDS TUMULUS EN TERRE

J'en ai fouillé un grand nombre dans le Finistère ; ces tumulus, souvent énormes, recouvrent les cendres d'un chef important ; mais quand on trouve un tumulus dans ces conditions on peut être absolument certain qu'aux environs de l'endroit où le chef était mort, il n'y avait pas de pierres à la surface de la terre, et dans ces temps les moyens de transport manquaient absolument pour certaines distances. J'en cite quelques-uns.

I° A la limite nord-est du Finistère, le tumulus de Kerleic, 30 mètres de diamètre sur 4 mètres de hauteur, aire de feu considérable et sol calciné recouvert d'une énorme quantité de cendres et de petits ossements incinérés ; au milieu, deux urnes pareilles l'une à côté de l'autre et à 2 mètres vers l'ouest, une troisième, différente de forme, mais toutes faites avec le secours du tour et indiquant une époque intermédiaire entre le VIe et le VIIIe siècle avant notre ère. Ces trois urnes, bien conservées, sont au musée du Vieux-Châtel.

II° Le grand tumulus de Landeleau, de 31 mètres de diamètre sur 3 mètres de hauteur, de la même époque. L'urne cinéraire était recouverte d'un ustensile en granit poli, assez mince, de 0 m. 25 sur 0 m. 18 ; un autre tumulus, plus petit, à côté, contenait au milieu des cendres une pointe de flèche en silex rouge, à ailerons et pédoncule, barbelée sur les deux côtés.

III° Le grand tumulus de Saint-Nic se distingue des précédents en ce que l'urne à deux anses était protégée par un cône de protection en pierre.

En résumé, ces diverses sépultures sous tumulus simples, contenant des urnes bien soignées, bien cuites et ornées au poinçon de lignes et de pointillé, avec un mobilier funéraire intéressant, indiquent l'hommage à la mémoire d'un chef vénéré et en même temps une époque de progrès, où on savait travailler l'argile et l'ornementer.

Dans des monuments du même genre, mais plus anciens, on voit qu'on s'est servi de vases faits vivement à la main, sans union intime et sans bonne cuisson ; souvent même on a dû se servir de vases en service déjà hors d'usage.

LES PETITES SÉPULTURES

Ces dolmens réduits sont d'époques diverses, sans être très anciens ; le mobilier funéraire, souvent très curieux, indique leur âge. Ils se composent de pierres plates posées de champ par trois ou par quatre et n'ayant pas plus de 0 m. 50 de hauteur sur 0 m. 25 de largeur ; ils sont quelquefois recouverts d'une très petite dalle supérieure qui affleure à la surface du sol, mais le plus souvent ces pierres se rejoignent par le haut laissant à leur base l'espace nécessaire pour poser l'urne cinéraire, et les armes ou outils.

LA PIERRE POLIE

La nomenclature des roches ayant servi aux populations préhistoriques pour la fabrication des objets polis, armes et outils, ornements, serait bien longue ; je cite seulement les principales.

Le jade et tous les similaires, spécialement le jade du Morbihan, baie de Roguedas ; on croyait encore il y a peu d'années et on a voulu me persuader que les haches en jade avaient été apportées de l'Orient.

Callaïs (turquoise), filon trouvé à la Villeder (Morbihan).

Calcédoine et toutes les variétés d'agate.

Les jaspes divers.

Les grès variés.

Quartz et quartzite (grandes variétés).

Silex de toutes nuances, opaque et translucide.

Plusieurs calcaires.

Amphiboles (grandes variétés).

Serpentine.

Basalte.

Trachyte.

Porphyre (variétés diverses).

Granit de nuances variées.

Eurite.

Schiste.

Fibrolite.

Diorite.

Ces deux dernières roches ont été les plus employées et toutes à peu près se trouvent en Bretagne.

Le principe, d'ailleurs, qui a toujours dirigé les peuples de l'époque néolithique a été de choisir leurs pierres parmi les substances compactes et tenaces, quoique tendres à leur sortie de la terre par l'effet de l'eau de carrière et se durcissant ensuite à l'air d'une façon complète, ce qui leur donnait alors une grande résistance pour tous les usages.

Leur instinct et le besoin impérieux d'être munis le plus promptement possible d'armes et d'outils, leur a bien vite appris quels étaient les meilleurs matériaux et ils ont rapidement rejeté les pierres trop dures à polir pour adopter celles qui, devenant extrémement résistantes par leur exposition à l'air, pouvaient être formées facilement à leur sortie de la terre sur les gros usoirs, pour être terminées avec les polissoirs tenus à la main, puis percées quand il le fallait comme certaines haches, les marteaux, les pendeloques, les grains de collier, etc.

Avant l'usage du métal, on se servait pour cet usage de perçoirs en silex et c'est avec un outil aussi primitif qu'on obtenait de si jolis résultats.

Il faut remarquer que les trous pratiqués dans les pierres à cette époque ressemblent à deux cônes dont les pointes se rencontrent au centre. Souvent l'ouvrier ne tombait pas juste et les deux trous ne se rencontraient pas absolument au milieu de la pierre. Quelquefois l'objet était laissé en cet état, mais ordinairement les deux cônes étaient rectifiés en donnant une plus large ouverture aux deux entrées.

Les roches qui ont au plus haut point cette qualité dont je viens de parler, sont les jades, fibrolites et diorites et c'est ce qui explique leur emploi si fréquent.

Les autres roches que je cite ont été employées aussi, mais d'une façon moins répétée et les nomades n'ont employé d'autres matières que faute de pierres de leur choix.

Avant de terminer, je ferai remarquer que le diorite en gros rognons fait exception à la régle générale pour l'effet de l'eau de carrière.

On le trouve généralement à la surface du sol en blocs plus ou moins gros ; il est toujours extrêmement dur à casser et à diviser, mais une fois ce résultat obtenu, il se polit facilement et avec une grande rapidité, si on le mouille, pour reprendre après toute sa dureté.

Voilà l'explication de la grande quantité de haches en diorite que l'on découvre et aussi des gros rognons non entamés que l'on rencontre fréquemment dans les campements ou stations.

Tous les peuples de la période paléolithique, comme ceux de l'époque néolithique, ont fait pour les quartzites et le silex à tailler la même observation que je viens de faire pour la pierre polie et ils ont dû très vite s'apercevoir de l'effet de l'eau de carrière, permettant, avec une facilité relative, de donner par la taille la forme cherchée.

LE MUSÉE DU VIEUX-CHATEL

Quelques mots sur les résultats de mes recherches, de mes fouilles et de mes découvertes. Le musée occupe six grands salles séparées par de hautes portes vitrées, toutes dans le même axe, ainsi que les deux fenêtres qui font suite aux deux extrémités, ce qui permet de voir les arbres du parc à travers le château.

Le catalogue, aujourd'hui, porte 36.174 objets classés ; les raretés abondent ; des pièces uniques que l'on ne pourrait trouver dans aucune autre collection du monde, et quand on a regardé les nombreuses séries, on s'identifie complètement avec la vie intime de nos premiers ancêtres ;

c'est bien l'histoire de l'humanité depuis ses débuts jusqu'à notre ère, avec les preuves en mains, toutes trouvées pendant plus de quarante années de travail dans le pays le plus riche en souvenirs mégalithiques, les trois départements de la presqu'île de Bretagne.

J'ai réuni là la véritable histoire écrite remplaçant les textes qui manquent pour tous les émigrants d'origine unique qui, peu à peu, ont peuplé la terre, et le visiteur peut y lire avec la plus grande facilité les chapitres successifs de cette genèse et les dates des progrès de l'humanité ; cette histoire, par la vue de tous ces objets, devient lumineuse ; les déductions amènent des dates précises et nous conduisent peu à peu à l'homme historique du début de notre ère.

Quand les armes et les outils de l'homme primitif, trouvés dans les stations et les sépultures, sont bien authentiques et trouvés sur place, par un observateur sérieux et expérimenté, ils sont précieux pour l'histoire ; ils suppléent à la tradition et aux livres, car on juge non moins bien l'homme par ce qu'il a fait que par ce qu'il a dit ; mes recherches si longues sur les stations de toutes les époques préhistoriques m'ont permis de voir par moi-même ce que bien d'autres n'ont pu faire.

CONCLUSIONS

J'ai fait dans cet ouvrage, comme dans les précédents, bien des observations et des constatations dont personne n'avait jamais parlé. Je me suis permis, avec les preuves indéniables, des assertions contraires à celles de mes devanciers ; j'ai mis surtout les inhumations à leur époque véritable, à notre ère.

L'église chrétienne est encore absolument fidèle à la loi de son début et s'oppose formellement aujourd'hui à la crémation qui n'a été imaginée de nos jours que par ses ennemis les plus acharnés.

Les païens incinéraient, mais les chrétiens disciples de Jésus-Christ ont voulu aussi être inhumés et non incinérés ; l'Eglise, à toutes les époques, a respecté la dépouille mortelle, ne voulant pas violenter l'homme, même après le décès, et l'a livré à la terre, où il se détruit lui-même, suivant les lois primordiales.

L'incinération des premiers âges, dont il faut faire remonter l'origine à l'usage du feu, est restée la coutume invariable qui s'est propagée par les émigrations sur tout le Monde ancien, sauf la Judée et l'Egypte.

Je dois dire que, si mes études si longues me permettent de prendre vite une décision, j'ai été, à mon début, un favorisé comme archéologue.

Cette grande terre du Vieux-Châtel, qui a été mon berceau, a commencé mon éducation il y a plus de quarante ans ; ses bois, ses sources, le voisinage de la mer, ont attiré les populations nomades ; les stations, les ateliers, les tumulus, les dolmens se succèdent de siècle en siècle depuis l'âge quaternaire, continué par toutes les périodes de l'époque néolithique et de l'occupation romaine.

C'est là que j'ai trouvé, pendant mes premières années de travail, l'idée de la solution des mystères de l'histoire préhistorique ; la mine était inépuisable, les objets trouvés ont été innombrables, les preuves se sont multipliées et la clarté est venue dissiper les ténèbres d'un passé si peu connu.

J'ai fini pour le préhistorique. J'ai résumé dans ce trente-troisième ouvrage ma vie d'archéologue et réuni sous un titre unique cette étude de tant de siècles ; on ne me refusera pas, je l'espère, le titre d'historien du Finistère.

NOTE DE L'AUTEUR

Je croirais mon œuvre incomplète, si je n'écrivais pas quelques pages de transition pour arriver à notre ère véritable, dont le début date de la fin de l'occupation romaine et si je laissais de côté, dans cette étude, les premiers siècles de notre époque actuelle dans le Finistère.

LES TEMPLES ROMAINS
dans le Finistère

Le plus important est, sans contredit, le temple de Trougouzel, près de Menez-Peulven, en Ploaré, propriété appartenant à mon cousin, M. Charles Halna du Fretay, ce qui m'a permis, avec autorisation illimitée, de faire une recherche absolument complète.

Quand j'ai fait la découverte de ce monticule étendu et très prononcé, formé de débris de nombreux murs écroulés, j'ai voulu savoir ce que c'était ; la fouille m'a fait reconnaître bien vite le moyen et le grand appareil romain et la certitude que ces murailles avaient dû servir pendant des siècles à fournir des pierres à tout le pays.

Mon travail très soigné a été continué jusqu'à la base de tous les murs ; ces substructions parfaites, si bien conservées, variant entre 1 m. 30 et 2 mètres de hauteur, m'ont donné la possibilité de refaire, sans erreur possible, le plan de cet édifice qui, à n'en pas douter, était un temple et de plus d'en fixer la date de construction par la trouvaille sous des pierres en place dans les murs, de bronze à l'effigie d'Auguste ; j'en ai trouvé huit.

D'un côté, la tête d'Auguste et au pourtour :
CAESAR PONT MAX
c'est-à-dire Cesar Pontifex Maximus.

Au revers, l'autel et au pourtour :
ROMETAVG
abrégé de Roma et Augustus.

L'autel que je vois sur mes médailles porte les deux colonnes avec le sommet décoré des victoires ailées ; entre elles les huit trépieds surmontés de pommes ou de figures orbiculaires et deux autres trépieds sur le devant de l'autel, mais ceux-là bien plus grands ; au centre la couronne de chêne.

Le temple romain de Trougouzel avait été bâti sur l'emplacement d'une station gauloise et à côté du Peulven et des menhirs oubliés, les bornes milliaires indiquaient sur les voies romaines la route à suivre vers le temple.

La nouvelle ère n'était plus à son début et le Christ avait déjà paru sur la terre au début du règne d'Auguste ; deux religions devaient bientôt donner au monde des directions différentes et l'une d'elles devait, au moment de la décadence de l'empire romain, préluder à l'aurore d'une nouvelle civilisation.

J'ai trouvé les preuves nombreuses de la station gauloise à la base des substructions et à un mètre au-dessous du sol naturel, sous le dallage en ciment et en chaux.

Je cite :

Une pièce de bronze, monnaie gauloise très curieuse et admirablement conservée.

Plusieurs bois de cerfs, couronnes, merrains, andouillers sciés avec des scies en silex.

Un grand nombre de pierres polies, des usoirs, des fers, des bronzes, des silex taillés, des débris de cuisine, coquillages et ossements.

Dans la partie romaine, la fouille m'a donné une lampe en bronze, de nombreuses fusaïoles

en terre cuite, les unes plates, les autres plus
ou moins bombées, des fibules, des vases ou
urnes en verre et d'autres en terre cuite, échantillons de la plus jolie céramique romaine. J'en
ai trouvé d'autres dans deux autres temples que
je décrirai tout à l'heure et les planches repro-
duiront une partie de ces spécimens de l'art
ancien.

Quelle variété de formes, quelle perfection
de façon dans cette céramique qui a défié l'œuvre
destructive des siècles ; rien de plus décoratif,
surtout ces vases, ces urnes rouges à surface
décorée, dits de fabrique samienne.

Dix objets sont représentés sur les planches
en plus des plans des trois temples et la légende
indique qu'ils sont trouvés dans les temples
romains du Finistère et classés au musée du
Vieux-Châtel.

Une écuelle et deux très jolies petites urnes
en céramique fine ornée (samienne) ; dans
l'une, des bandes blanches alternent avec le
rouge.

Un pichet et une amphore en céramique jaune
fine et ornée ; un très petit vase plat en céramique grise.

Deux urnes en céramique noire fine, l'une grande avec ornementation, l'autre extrêmement petite et sans décoration, mais très jolie de forme.

Une urne en verre.

Une lampe en bronze, forme écuelle, avec trous de suspension.

J'ai découvert aussi, dans la cella, les débris de deux colonnes en granit, d'ordre toscan, qui devaient servir à soutenir les statuettes des divinités que je n'ai pas trouvées ; probablement l'une d'elles représentait Auguste.

En 1890, j'assistais à Dinan au Congrès archéologique de Bretagne, et une excursion nous avait amenés à Corseult (Côtes-du-Nord). On y voit toujours les restes d'une cella aux murs encore très élevés et autour, des substructions indiquant parfaitement la forme première de l'édifice ; carré parfait avec deux constructions en avant et au milieu une galerie (arena) entourant une cella à peu près octogone.

Au moment de notre arrivée, M. de Kerdrel, notre président, voulut bien me désigner pour préciser quelle pourrait être, sur cette question, l'opinion du Congrès.

J'ai répondu :

Malgré l'opinion de M. de Caumont, qui classe le temple de Corseult parmi les douteux, je n'hésite pas à dire que ce monument est un temple romain, le doute n'est pas possible, et on ne peut lui donner une autre désignation.

A Trougouzel nous sommes aussi en face de ruines imposantes ; le mur extérieur est partout du moyen appareil, intérieur et extérieur avec rejointoyage en ciment et chaque pierre bien échantillonnée a en moyenne 0 m. 15 de long sur 0 m. 11 de hauteur ; les deux portiques seuls étaient du plus pur grand appareil.

A l'intérieur, les murs étaient formés de couches successives épaisses de granit taillé de moyen appareil alternées avec d'autres couches de petites pierres et de ciment.

Les fondations, de 1 mètre à 1 m. 20 de largeur, allaient à 1 mètre de profondeur dans le sous-sol, jusqu'au roc, puis à peu près au niveau du sol un redan rétrécissait le mur de 0 m. 10 de chaque côté ; les fondations jusqu'à la base étaient faites au mortier de ciment ainsi que tous les soubassements ; puis, à partir de la hauteur normale intérieure, un enduit fin formant mosaïque recouvrait la masse des pierres échantillonnées.

Enfin, l'édifice était recouvert de pannes, tuiles à rebord qu'on désigne souvent sous le nom de grandes tuiles plates à crochet, et j'ai trouvé une grande quantité de grosses chevilles à tête, en fer oxydé.

Les soubassements des colonnes soutenant les voûtes étaient engagés partout d'un côté dans le mur de la cella et de l'autre dans le mur extérieur, et il n'y avait pas de doute à avoir sur la forme, la solidité et les dimensions des voûtes au-dessus des colonnes ; j'ai trouvé des dessus de voûte entiers tombés au fond de la galerie, mais formant encore des blocs solides de 2 à 3 mètres cubes ; les planches jointes à ce volume portent un spécimen de ces dessus de voûte.

Enfin le temple formait un cercle parfait de 38 mètres de diamètre et le pronaos entre le portique de l'enceinte et celui de la cella avait pour décoration deux murs avancés terminés chacun par une demi-colonne arrondie, mais laissant libre de chaque côté l'entrée de la galerie couverte autour de la cella.

A peu près à la même époque, j'ai trouvé en vue de la mer, baie de Douarnenez, sur la pente de la montagne de Menez-C'hom, un autre temple, mais bien moins important ; là il n'y avait ni moyen ni grand appareil, les murs étaient composés de pierrailles, d'argile plastique et de ciment.

J'ai bien constaté les deux portiques, celui d'entrée et vis-à-vis celui de la cella ; la forme était rectangulaire et le pronaos était bien distinct de la cella avec la même largeur sur tout le pourtour de l'édifice ; les dimensions sont données sur les plans.

J'ai trouvé, entre autres objets, un bronze de Néron :

NERO CAESAR AVG

Néron César Auguste

le dernier de la famille de César et le cinquième empereur.

L'érection de ce temple, postérieure à la construction de celui de Trougouzel, appartient cependant, comme on le voit, à une époque rapprochée du début de l'occupation.

J'ai trouvé un troisième temple romain vis-à-vis l'extrémité nord de la baie de Douarnenez et en vue de son point de jonction avec l'Océan, près de Crozon. Je n'ai vu là ni le grand, ni le moyen appareil, rien que des briques et des tuiles. Le pays ne fournit pas le granit. Dans l'effondrement j'ai bien distingué tous les murs en briques et les grandes tuiles de couverture.

Le monument formait cercle et avait son portique d'entrée sur le pronaos, galerie circulaire autour de la cella qui avait son portique également à l'est, dans le même axe.

La cella avait 15 mètres de diamètre, le pronaos 5 mètres de largeur et les murs 1 mètre d'épaisseur, ce qui donne 29 mètres pour le diamètre extérieur de l'édifice.

J'ai constaté bien d'autres vestiges de temples détruits par ceux qui avaient besoin de matériaux. J'ai trouvé souvent divers objets, mais les substructions avaient été par trop démolies.

La reconstitution m'a semblé une œuvre absolument impossible, ne pouvant trouver place dans le travail d'un historien, dont le premier devoir est le respect absolu de la vérité.

LES ENSEIGNES ROMAINES

---

*Les enseignes sauvées du désastre
de Varus s'inclinaient devant
Britannicus.*

Ces enseignes jouaient un grand rôle dans les armées romaines et étaient les marques distinctives des légions ; chacune avait la sienne fixée sur une base au bout d'une pique ; c'étaient l'aigle ou d'autres animaux ou une grande médaille représentant l'empereur.

Les enseignes étaient le plus souvent ornées de couronnes et accompagnées de petits boucliers sur lesquels il y avait des figures ou d'autres emblêmes qui se rapportaient aux faits particuliers de chaque légion ; quelquefois les enseignes étaient surmontées de l'étendard (vexillum) au milieu duquel était écrits les noms des cohortes et des centuries ; au temps du bas empire, ces étendards prirent le nom de « Labarum ».

Les statues des victoires ailées, portées devant les légions comme celles des généraux victorieux, étaient ornées souvent de la couronne obsidionale faite de la première herbe qu'on trouvait sous la main sur le champ de bataille après la victoire. Cette couronne était l'hommage des soldats à leur chef ; elle était la plus glorieuse de toutes et plus recherchée que la triomphale composée de feuilles de laurier.

Ces emblèmes n'ont pas été trouvés dans le Finistère par d'autres que par moi, j'en ai deux au musée du Vieux-Châtel.

Le premier est une statuette allégorique de la victoire, sans ailes et sans bras ; le buste en bronze est guilloché, très ornementé, et il est évidé en arrière avec trous pour les vis d'emmanchement au bout de la pique ; la tête de la victoire est fine et d'un travail très achevé, elle porte la couronne obsidionale. Cette trouvaille a été faite sur les terres du Vieux-Châtel, où les vestiges romains sont si nombreux.

Le second a été trouvé à Guengat. Cette statue enseigne est très remarquable ; elle est en étain, sorte d'airain ; sa hauteur du sommet du casque au bas de la cuirasse est de 0 m. 30 et en plus une partie creuse de 0 m. 07 pour l'emmanchement dans la pique ; une des mains, relevée près du casque, porte le sceptre *(Halta pura)*, emblème plus ancien que le diadème ; il était simple ou surmonté d'un aigle ou d'une pomme; celui-ci porte la pomme.

Le casque est très orné ainsi que le cimier, la barbe est très longue et descend jusqu'au milieu de la poitrine, ce qui me fait voir là Mars, le dieu de la guerre.

La cuirasse couvrant les bras au-dessous des épaules, puis les hanches, le bas-ventre descend jusqu'au bas des cuisses, moulée sur les formes exactes du corps ; elle devait être pour l'usage souple et malléable, à grandes et petites écailles, carrées et en losanges.

LES VILLŒ ROMAINES

Les villœ, maisons de campagne, ne sont pas nombreuses dans le Finistère où l'on compte tant de camps et de postes fortifiés reliés par les voies romaines ; il faut en chercher la cause dans le petit nombre de vrais Romains occupant notre pays ; l'armée était recrutée presque entièrement dans les nations barbares, auxiliaires des Romains après la soumission.

Il y avait à Carhaix une grande villa avec de très nombreuses dépendances et d'autres établissements en grand nombre recouverts aujourd'hui par les constructions d'un autre peuple ; c'était le séjour du chef, proconsul romain, d'où Carhaix tire, dit-on, son nom, agglomération militaire avec des camps fortifiés et de nombreuses constructions au ciment.

Près de Carhaix j'ai visité les vestiges importants d'une villa : l'urbana ou habitation du maître avait 20 mètres sur 12 mètres et contenait six pièces séparées par des murs ; les cours formant l'agraria avaient une étendue d'un hectare et contenaient d'autres constructions secondaires : la fructuaria, la bubilia, l'équilia et probablement l'ovilia, avec la gallinaria ; toutes séparées les unes des autres sur divers points des cours.

Le tout était entouré de hautes fortifications en terre et pierres ; j'ai vu là des colonnes et des dalles de toutes tailles en granit finement taillé ; pour le reste on ne voyait partout que le petit appareil cubique avec ciment, des briques, des tuiles, des carreaux. J'ai rapporté de là des bois de cerfs et des poteries samiennes très fines, d'un rouge vif, avec personnages en relief.

Je peux citer encore la villa de Trezker, à l'extrémité est de la baie de Douarnenez ; le village actuel, agrandi récemment, est construit sur les substructions de la villa ; on y a trouvé plusieurs objets qui m'ont été remis : des bois de cerfs, des fusaïoles, des moules en pierre.

Je termine par la mention d'une autre villa, au bord de la baie de Douarnenez, à l'est de la ville actuelle, qui s'est agrandie jusque-là et a démoli les restes de cette construction d'un autre âge. J'ai vu là, il y a quelques années, des murs en ciment où étaient pratiquées des niches pour poser des statues.

LES CUVES ROMAINES

EN CIMENT

AUX BORDS DE LA MER

Je veux préciser la définition et l'indication de l'usage au temps des Romains de ces cuves ou caves en ciment trouvées en si grand nombre sur les côtes du Finistère et toujours à la même distance des hautes mers, à quelques mètres ; jamais on n'en a trouvé à l'intérieur des terres.

La question n'a été traitée sérieusement par aucun auteur ; on a seulement dit vaguement, quand on trouvait une construction de ce genre, que c'étaient des bains romains ; en quoi on se trompait, car un établissement de bains suppose une entrée et une sortie pour l'eau ; on en a découvert en France un grand nombre, mais loin de la mer.

Il faut procéder ici par elimination et chercher.

Des citernes, impossible dans un pays où les sources abondent et où on trouve partout et en toutes saisons l'eau potable ; de plus, on aurait construit pour cet usage une grande citerne et non une suite de petites cuves juxtaposées.

Des caves, des réserves de denrées alimentaires, c'est inadmissible pour la dernière des raisons ci-dessus.

Des cuves d'évaporation d'eau de mer pour la fabrication du sel ; il n'y a pas assez de surface.

Des fours, cela a été dit aussi, mais je ne vois ni foyer, ni laboratoire, et l'un ne va pas sans l'autre.

Les caves d'une villa. Quelle imagination, mais il faudrait commencer par trouver les substructions de la villa ; sur aucun point, je n'en vois le moindre vestige ; de plus, les villœ ne pouvaient être si nombreuses par les raisons que j'ai déjà données dans le cours de cet ouvrage.

J'ajoute une dernière réflexion : les Romains, pour l'usage de ces constructions, n'avaient besoin ni d'eau douce ni d'eau de mer, car toutes sont placées à une hauteur très marquée au-dessus du niveau des eaux.

Je ne vois qu'une solution, c'étaient des cuves de salaisons de poissons, près desquelles, sur un plus large espace, on obtenait le sel par évaporation ; il fallait, du reste, des cuves spacieuses au bord d'une baie où l'on pouvait pêcher, surtout au moment de la marée haute, un grand nombre de gros poissons d'espèces très variées, spécialement la morue de nos côtes appelée aujourd'hui « julienne ».

Ce poisson était jadis l'objet d'un très grand commerce, surtout au port de Kerity-Penmarch, mais cette grande prospérité n'a pas eu de lendemain depuis les ruines accumulées pendant les guerres de la Ligue par Guy Eder de la Fontenelle.

Ces cuves sont ouvertes par le haut, les quatre côtés sont des murs recouverts, comme le fond, en ciment, avec bourrelets de sûreté, mais jamais la plus petite ouverture pouvant permettre un écoulement quelconque.

L'examen des déblais trouvés dans ces cases et à côté permet d'assurer qu'elles étaient desservies par le haut et recouvertes de pannes à une certaine hauteur au-dessus, mais que jamais elles n'avaient été surmontées de voûtes ; la couverture était complètement indépendante et devait avoir des dimensions plus grandes que les cuves.

Enfin, j'ai trouvé souvent une quantité très notable d'écailles des poissons que l'on ne devait pas laisser longtemps dans les cuves pour les sécher à l'air libre. Je crois avoir conclu par la solution vraie et la question est définitivement jugée. Les dimensions variées des cuves sur le même point donnent une indication à l'appui de mes conclusions ; les poissons n'étaient pas de même taille. Maintenant nos pêcheurs des Côtes-du-Nord qui vont faire la pêche de la morue à Terre-Neuve les empilent à l'air libre après la salaison ; il y a des déchets. Les Romains avaient des moyens plus perfectionnés.

Ces séries de cuves de 4 à 11, vérifiées par moi ou fouillées entièrement, sont multipliées sur les bords de la baie de Douarnenez, sous la ville actuelle, sur plusieurs points, à Kergozguen, à Tréfeuntec, à la lieue de grève, etc.

A Camezen, en Plonévez-Porvay, il y en avait onze juxtaposées par quatre, puis trois, et de mêmes dimensions. J'ai découvert sous les fondations une empreinte de cachet en terre cuite et un beau bronze de Constantin admirablement conservé.

Au Ris, près de Douarnenez, j'ai trouvé un beau bronze d'Auguste, d'un côté l'effigie du premier empereur romain et au revers une victoire.

Voilà les cuves des environs de Douarnenez datées comme le temple de Trougouzel, et cette industrie de la salaison des poissons, devenant prospère, a continué sous les règnes suivants.

A côté de ces cuves, il y avait des logements sommaires pour les manipulateurs ; au Ris j'ai tiré des décombres des dents d'animaux très variés et en très grand nombre, débris de cuisine ; des carreaux ronds en terre cuite de 0 m. 22 de diamètre ; une statue d'Hercule en terre cuite blanche ; une lance triangulaire de 0 m. 28 de longueur avec douille pour l'emmanchement de la pique ; une pyramide très fine en terre cuite et une pierre percée pour l'usage des cordiers de l'époque.

LES LACRYMATOIRES
LES SÉPULTURES ROMAINES

—

Je n'ai pas vu dans le Finistère les grandes sépultures, les cippes, les stèles, les pierres tumulaires et je n'ai trouvé pour mon musée qu'un petit nombre de lacrymatoires.

Ces petits vases en terre cuite ou en verre sont de deux sortes : ouverts aux deux extrémités, ils servaient à figurer les larmes versées aux funérailles du mort ; fermées en bas, puis déposées à côté de l'urne cinéraire, ils contenaient les huiles odorantes dont on parfumait le bûcher avant de l'allumer. J'en ai quatre de la seconde catégorie en céramique de la plus grande finesse; les deux autres sont ouverts dans le bas : l'un est en céramique très fine, aussi avec anse tordue avec art ; l'autre est en verre de couleur verte et a la forme et la grosseur d'un œuf d'oie; ces deux derniers sont des objets de musée des plus remarquables.

Les urnes cinéraires déposées dans la terre avaient leur sommet à 0 m. 40 environ au-dessous du sol ; le nombre découvert dans le Finistère est considérable, et au Vieux-Châtel on peut en voir de tous genres et de toutes tailles, de 9 à 45 centimètres de hauteur.

A Crozon, un cultivateur en a brisé chez lui plus de 150, espérant toujours trouver le trésor, je l'ai su trop tard, j'aurais arrêté son zèle en lui prouvant qu'il était un parfait imbécile. Cela me rappelle les remerciements que j'adressais en 1890 à tous mes compatriotes de la presqu'île de Bretagne pour toute l'aide et les autorisations sans limites qui m'avaient été données.

Je n'en exceptais que deux communes du Finistère, celles de Trégourez et de Langolen, où j'avais vu l'imbécilité humaine poussée à ses dernières limites; il faut croire pour ces exceptions à une race dégénérée, abâtardie, bien inférieure à l'homme préhistorique.

A Crozon, j'ai cherché dans le cimetière romain bouleversé par un inconscient; j'y ai trouvé des bronzes très variés, prouvant une longue occupation, aux effigies de Néron, Trajan, Crispus, Constantin, d'autres portent la louve allaitant Romulus et Rémus.

A Spézet, près de Carhaix, j'ai trouvé des urnes samiennes sans anses, pointe à la base, contenant avec les cendres des bagues et des amulettes, d'autres plus grandes contenant des casques et des sabres brisés intentionnellement.

Au Vieux-Châtel et dans les environs j'ai trouvé des urnes isolées ou réunies par deux et par trois ; près du château de Trefry, en Quéménéven, les ouvriers de M. Césaire de Poulpiquet en avaient mis une à découvert par hasard ; prévenu aussitôt, je suis arrivé et en ai mis à jour cinq autres.

L'été dernier, des ouvriers de M. Le Floch, de Douarnenez, travaillant à un défrichement sur sa propriété de Kerguesten, en Tréboul, ont sorti de terre 12 urnes remplies de cendres et de petits ossements calcinés, rangées symétriquement en cercle autour d'une roche brute de un mètre de hauteur au-dessus du sol. Le sommet des urnes était à 0 m. 40 sous terre.

Malheureusement le souvriers en ont absolument massacré dix ; le propriétaire a eu l'amabilité de m'offrir les deux dernières sauvées du désastre, toutes les deux sans anses, l'une grande, céramique grise, l'autre petite, céramique noire.

NOTE DE L'AUTEUR

Je finis cet ouvrage, comme je l'ai commencé, par cette conclusion, cette grande vérité : l'unité de l'homme.

A côté des analogies frappantes de la structure anatomique chez l'homme de toutes les contrées, depuis le début du monde, vient se placer par tous les objets qui lui ont servi la même idée native perpétuée à toutes les époques par les successeurs.

L'étude du passé affirme, avec une logique irrésistible, l'unité du genre humain. La lumière est faite et le doute est impossible devant les preuves multiples données par les plus récentes découvertes comme par les recherches précédentes.

L'histoire de l'humanité entière m'a dicté ces lignes nécessaires à l'histoire du Finistère, dont mes preuves indiscutables disent l'état primitif et la vie de ses habitants cinq mille ans avant l'époque admise avant moi, dans le monde savant.

Les preuves que j'ai fournies à la suite de mes découvertes, reconnues indéniables par tous les maîtres de la science, disent bien que le Finistère a été foulé par son premier habitant, dès le début de l'âge quaternaire, à peu près sept mille ans avant notre ère.

Je donne ainsi à l'histoire du pays breton cinquante siècles de plus que mes prédécesseurs ; je n'aurais osé l'affirmer après mes premières recherches, mais j'ai fini par trouver les actes réitérés et la vie intime des premiers habitants du Finistère, à une époque peu éloignée du début de la vie de l'homme sur la terre.

J'ai terminé cette nomenclature historique de tant de siècles ; notre pays appartient désormais aux descendants des Celtes et des Gaulois ; c'est l'aurore de la civilisation moderne qui va bientôt s'accentuer de siècle en siècle.

Mais, je ne dois pas signer cette œuvre sans adresser à notre vénéré président de l'Association Bretonne, M. le sénateur Audren de Kerdrel, mon plus sincère tribut de reconnaissance pour toute l'approbation qu'il a donnée chaque année aux mémoires que j'ai présentés aux Congrès bretons.

Baron HALNA DU FRETAY,

Officier d'Académie,
Correspondant du Ministère de l'Instruction
publique.

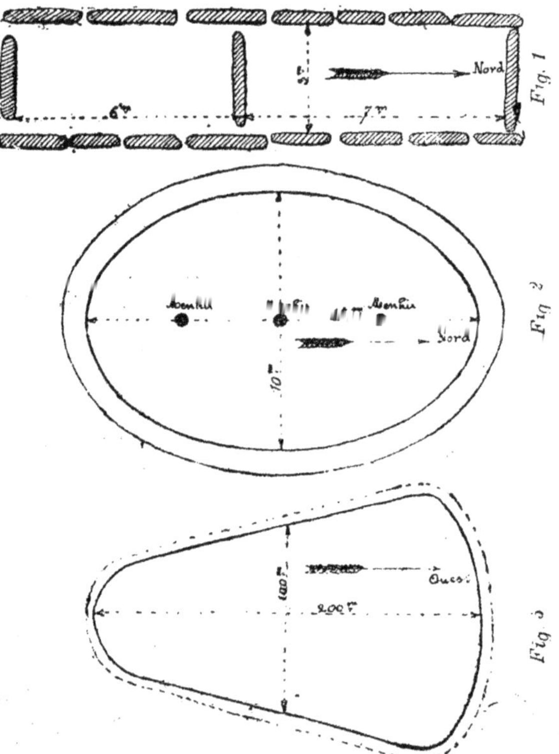

Fig. 1. — Cromlech du Penhoat (forêt de Conveau). — Ech. 1|200.

Fig. 2. — Plan du cromlech de Kervigan, ses trois menhirs et son fossé.
— Ech. de 0ᵐ0035 pour mètre.

Fig. 3. — Cromlech du Ménez-C'hom. — Ech. 1|4000.

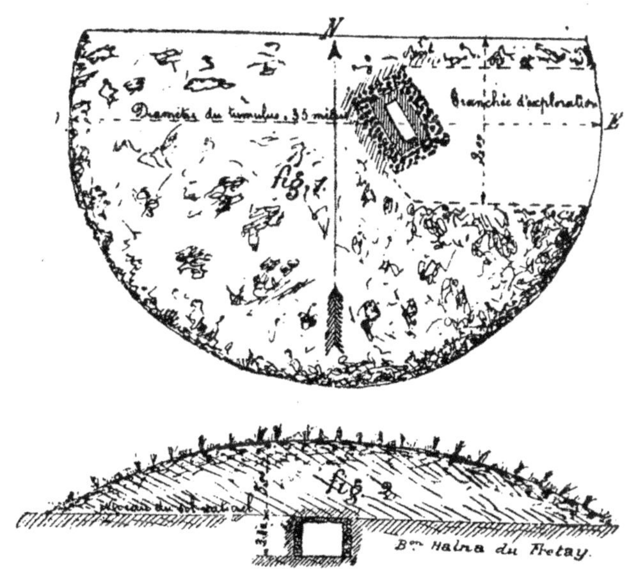

Fig. 1. — Plan du tumulus (éch. 0ᵐ002 pour mètre).
Fig. 2. — Coupe   id.   id.

Exploration du tumulus de Kerbernez, en Briec.

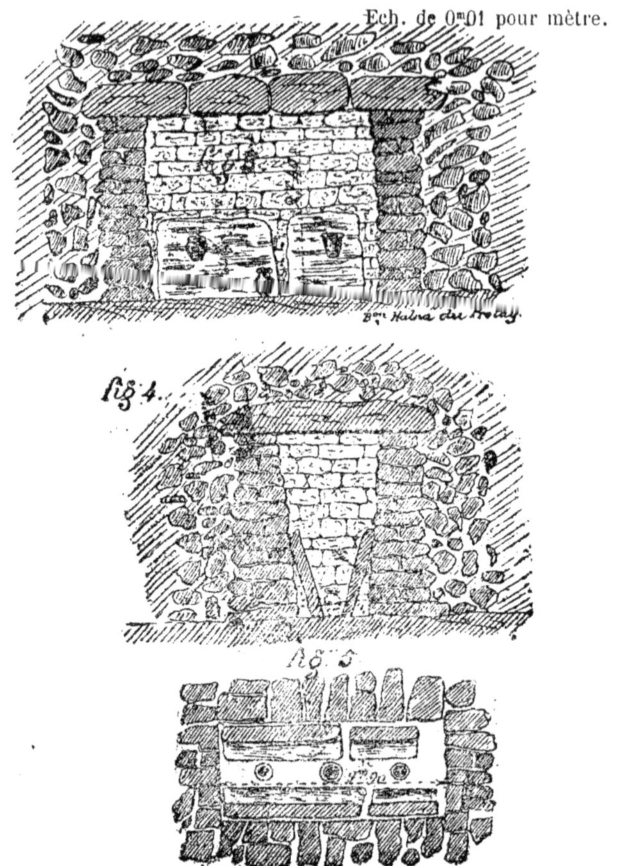

Fig. 3. — Coupe longitudinale.
Fig. 4. — Coupe transversale de la sépultnre.
Fig. 5. — Plan de la sépulture.

2° Tumulus de Saint-Thois.

(Echelle 1|200)

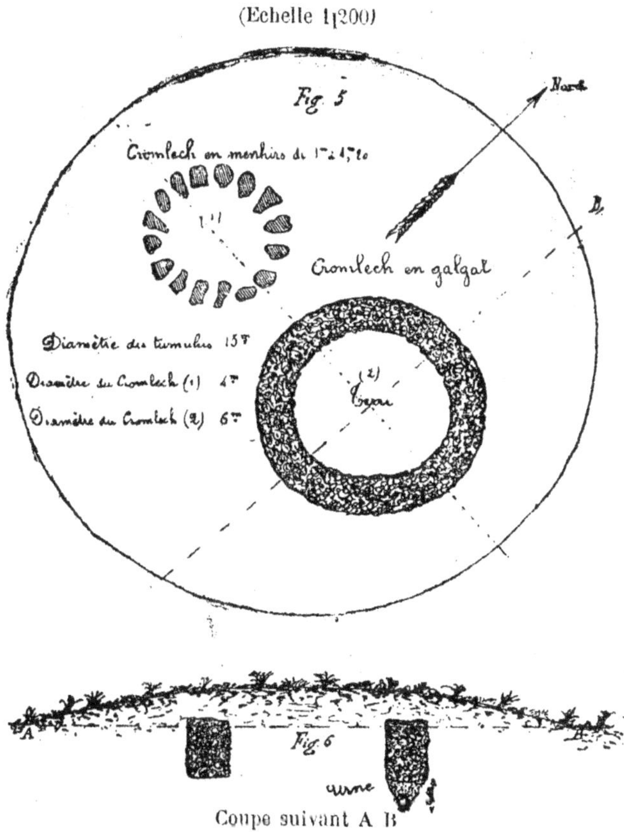

Coupe suivant A B

Poste romain.

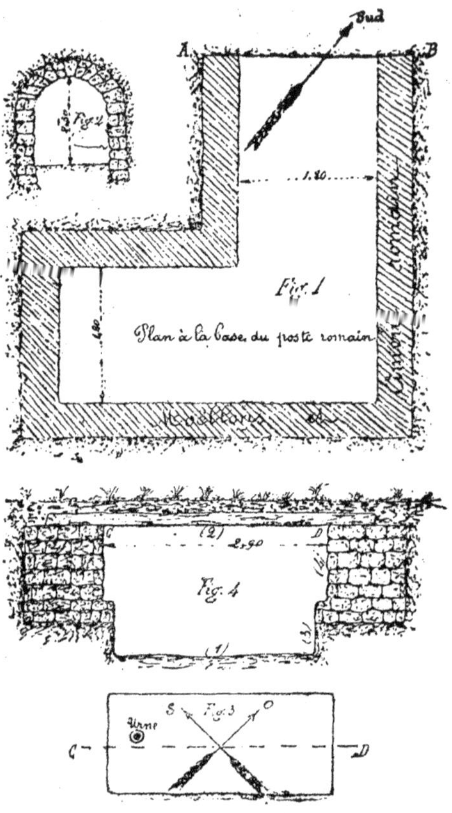

Fig. 1 (éch. 1|100). — Tumulus de La Motte (Locronan). — Porte
d'entrée A B.

Fig. 4 (éch. 1|100). — Crypte de Penanech (Briec).

Fig. 3. — Position de l'urne dans l'intérieur.

Fig. 2. — Porte d'entrée A B.

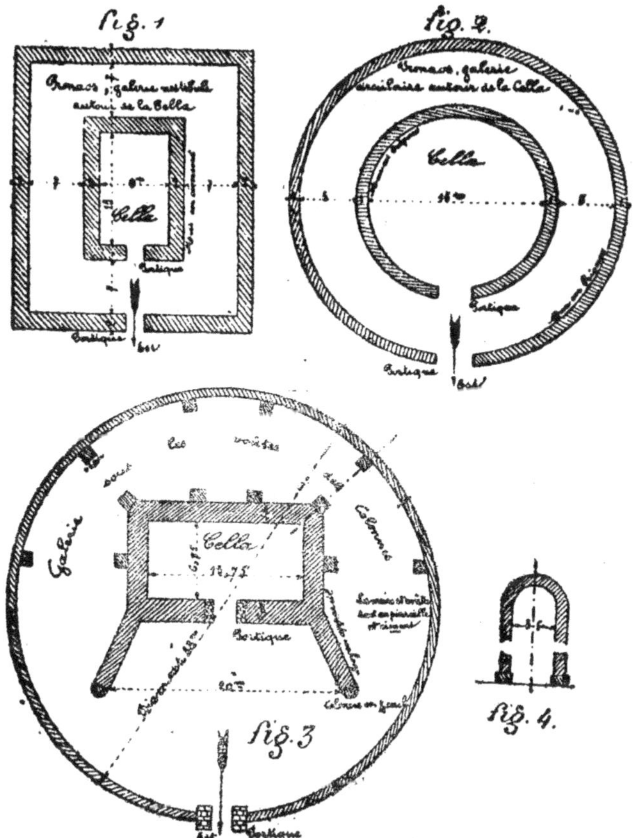

Fig. 1. — Temple romain en vue de la mer, pente de Ménez-C'hom (Plomodiern). — Ech. de 0^m001 pour mètre.

Fig. 2. — Temple romain en vue de la mer, environs de Crozon (Finistère). — Ech. de 0^m0015 pour mètre.

Fig. 3. — Temple de Trangouzel, en Ploaré (Finistère). — Ech. de 0^m0015 pour mètre.

Fig. 4. — Voûte au-dessus des colonnes de la galerie circulaire,

COLLECTIONS

DU

MUSÉE DU VIEUX-CHATEL

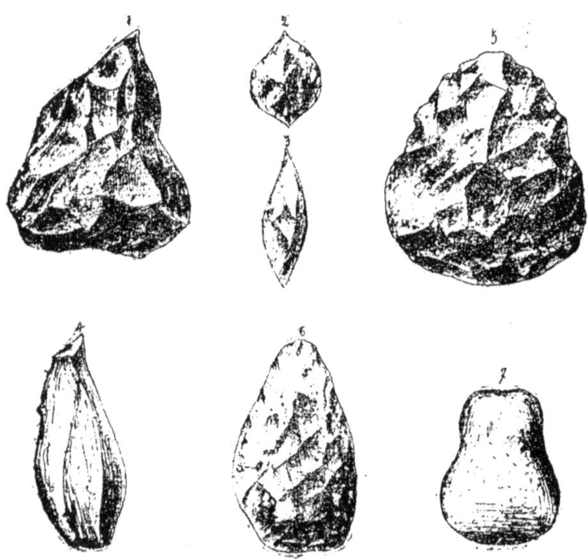

1 (1|8). — Casse-tête.
2 et 3 (1|4). — Projectiles.
4 (1|2). — Pointe de lance.
5 (2|6) et 6 (1|4). — Haches.
7 (1|4). — Hache avec gorge d'emmanchement.

2|6 grandeur naturelle. — Quartzites et silex taillés quaternaires
(atelier de Guengat).

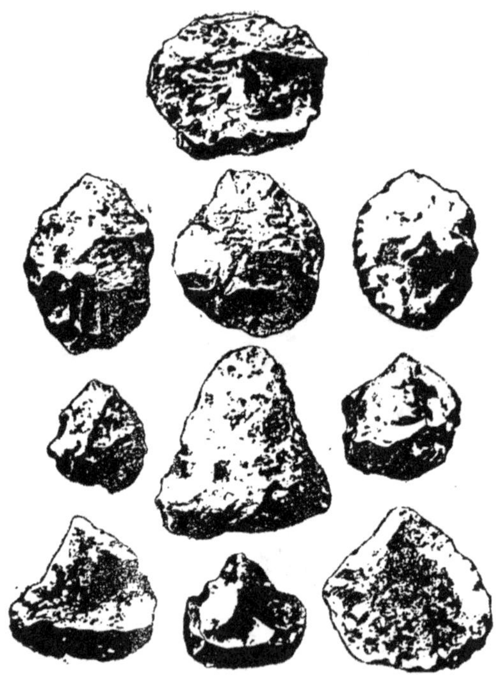

2[6 grandeur naturelle. — Quartzites et silex taillés quaternaires
(atelier de Guengat)

Granits quaternaires.

(Échelle 1|6)

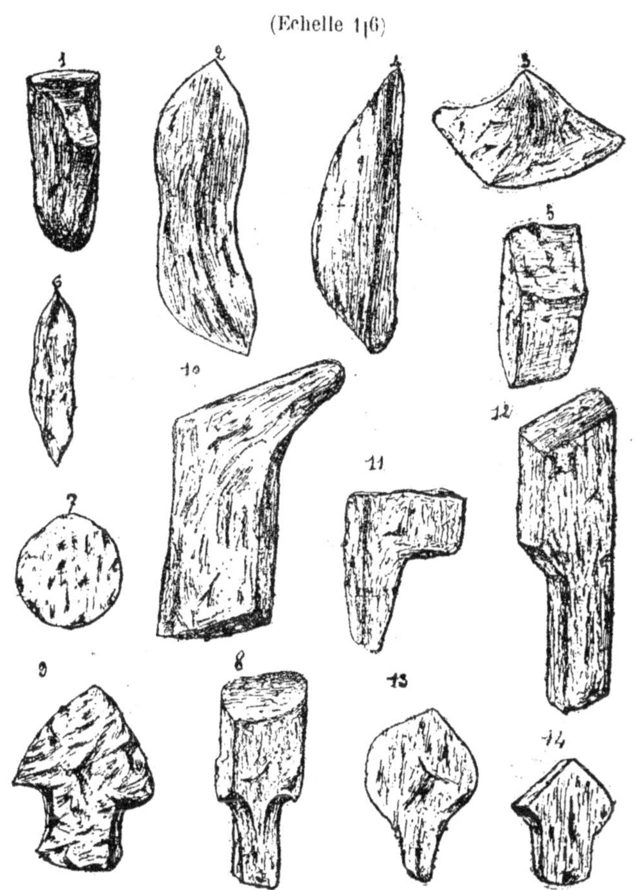

1, 2, 3, 4. — Coups de poing.
5. — Hache.
6. — Projectile allongé à deux pointes.
7. — Rondelle.
8. — Hache gouge avec emmanchement pour la main.
9. — Pointe d'épieu.
10, 11, 11. — Maillets.
13, 14. — Fétiche, ex-voto.

Coups de poing à poignée en granit.

1|10   Echelle 1|6)

Coups de poing à poignée en granit.

(Echelle 1|6)

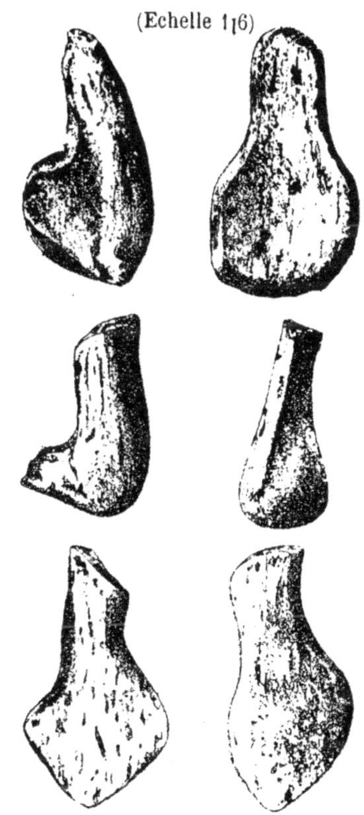

Pointes de flèches à ailerons et silex taillés.

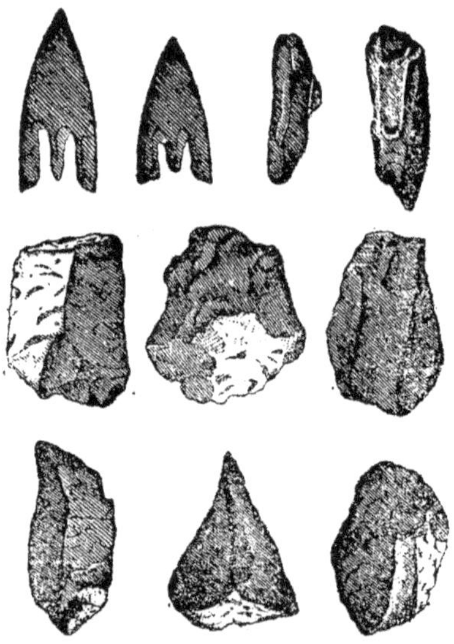

1ｨ2 grandeur naturelle. — Dolmens sous tumulus de Kervini , en Poullan (Finistère).

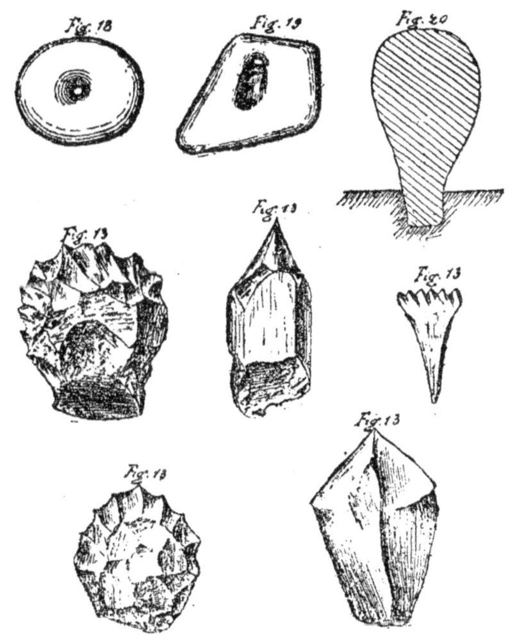

18 (1|6). — Peson avec trou central.

19 (1|6). — Peson avec trou en biais.

20 (1|8). — Menhir celtœ du sanctuaire de Kervigan.

13 (1|2). — Série de silex taillés.

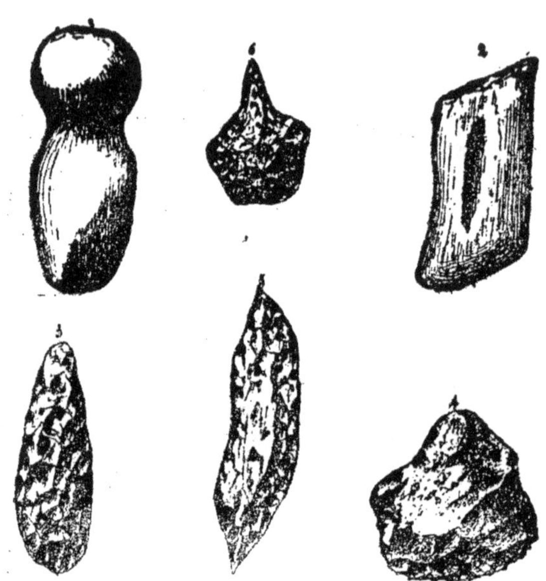

1 (1|6). — Casse-tête en pierre polie.
2 (1|4). — Usoir en serpentine pour aiguiser les haches en pierre (Finistère).
3 (1|4). — Hache en silex taillé.   id.
4 (3|8). — Grattoir en silex taillé.   id.
5 (1|2). — Poinçon en silex taillé.   id.
6 (1|2). — Pointe de flèche en silex taillé.   id.

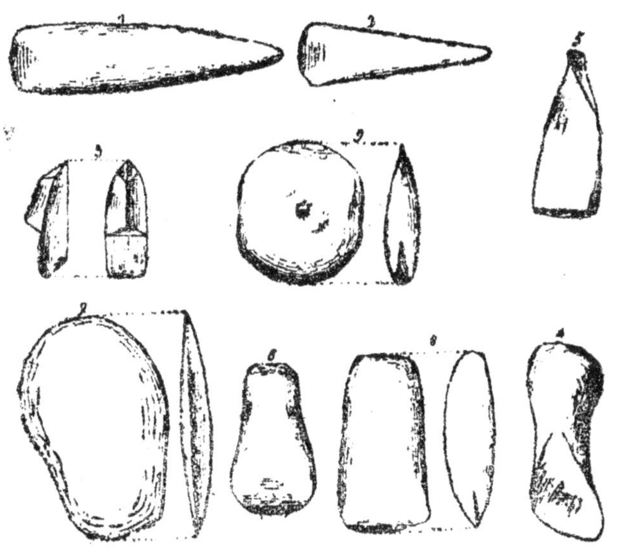

Pierres polies.

1 (1|8) et 2 (1|10). — Grandes haches en diorite.

3 (1|2). — Pointe de flèche.

4 (1|6), 5 et 6 (1|4). — Coins à fendre le bois.

7 (1|2). — Grattoir en fibrolite.

8 (1|4). — Hache primitive en diorite.

Les objets ci-dessus indiqués proviennent de sépultures du Finistère.

9 (1|6). — Hache disque en schiste (sépulture de Conveau, Morbihan).

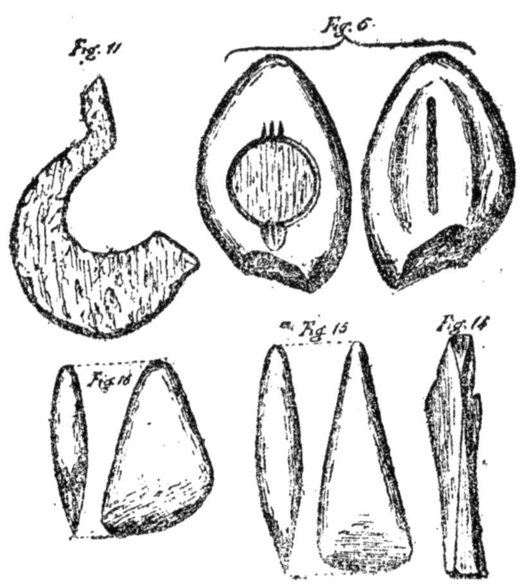

11 (1|6). — Sceptre en schiste finement taillé et représentant la faucille
d'or des druides si souvent reproduite.

6 (1|10). — Grand galet avec creux gravés sur les deux faces.

14 (1|4). — Couteau en silex (importé).

15 (1|4). — Hache très fine en silex poli.

16 (1|4). — Hache en fibrolite à tranchant transversal.

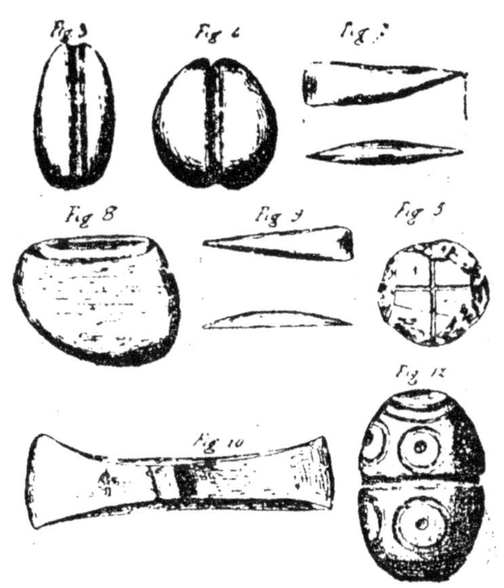

5 (1｢2). — Rondelle avec deux rainures croisées

3 (1｢10). — Usoir à hache, porphyre noir.

4 (1｢4). — Galet à rainure circulaire.

7 (1｢10). — Hache en jade vert clair.

8 (1｢4). — Usoir fibrolite à deux dépressions, forme Celtœ.

9 (1｢12). — Hache herminette.

10 (1｢10). — Grande hache massue à deux tranchants en schiste compact taillé, avec renflement au centre et les côtés pour la mise en main.

12 (1｢6). – Un marteau massue en diorite compact ferrugineux, couvert de cercles gravés et enchevêtrés en tous sens.

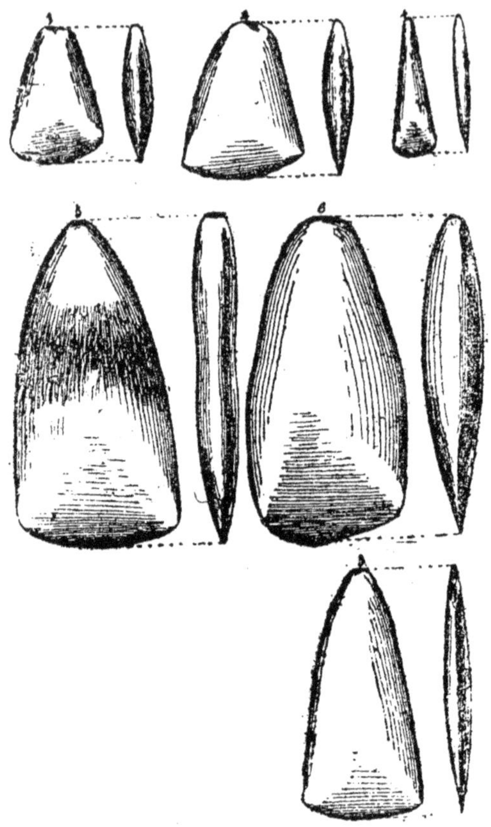

Haches polies.

1 (1|2). — Diorite (dolmen en Beuzec).

2 (1|2). — Fibrolite (dolmen en Moëlan).

3 (1|2). — Silex translucide id.

4 (1|8). — Jadéïte   id.

5 (1|2). —   id. à dépression des deux côtés pour emmanchement (Ménez-C'hom).

6 (1|2). — Fibrolite à veines rouges (sépulture à Langonnet, Morbihan).

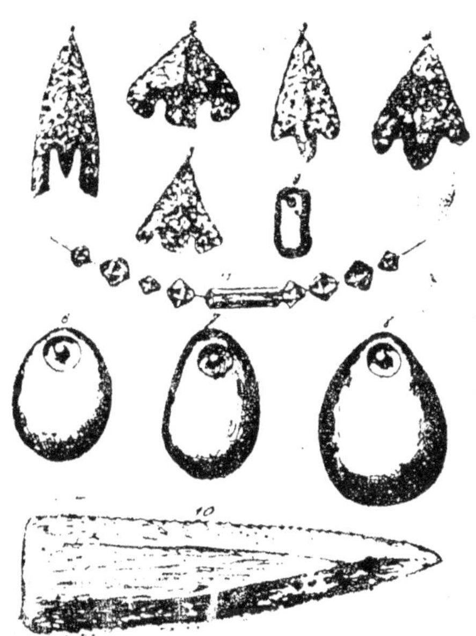

1, 2, 3, 4, 5 (1|2). — Pointes de flèches a ailerons, pédoncules et barbelures (dolmens du Finistère).

6, 7, 8 (1|2). — Pendeloques en ambre (sépultures du Finistère)

9 (1|2). — Pendeloque (dolmen en Moëlan).

10 (1|2). — Scie en silex poli (dolmen en Telgruc).

11 (1|2). — Collier en grain de jaspe (sépulture de Plonévez Porzay.

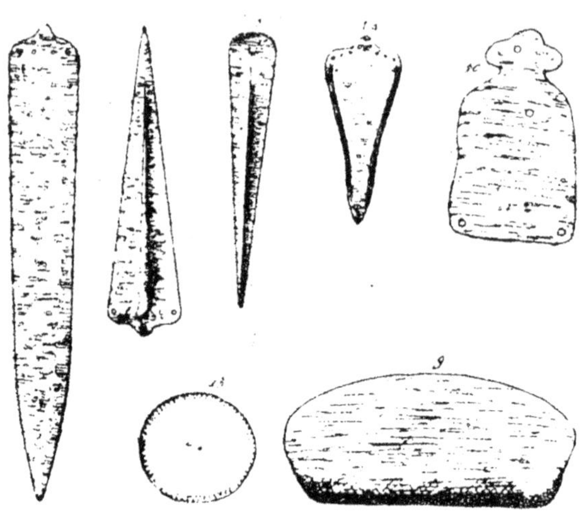

9 (1|2). — Grattoir en bronze.

10 (1|2). — Pendeloque en bronze.

11, 12, 13, 14 (1|8). — Epée, lance, hache et poignard en bronze.
(Finistère, sous tumulus de Poullan.)

15 (1|2). — Rondelle d'or (dolmen en Moëlan).

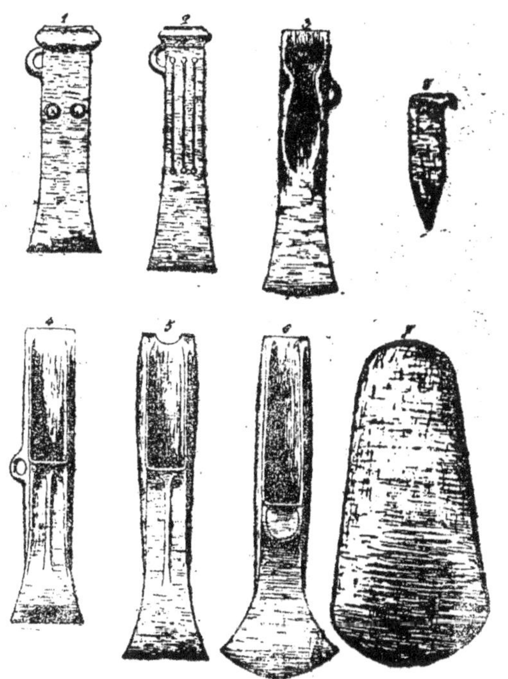

1, 2, 3, 4, 5 et 6 (1/4). — Haches en bronze (Finistère).
7 (1/2). — Hache plate en bronze, modèle des haches en pierre.
8 (1/2). — Poinçon en bronze pour tailler le silex.

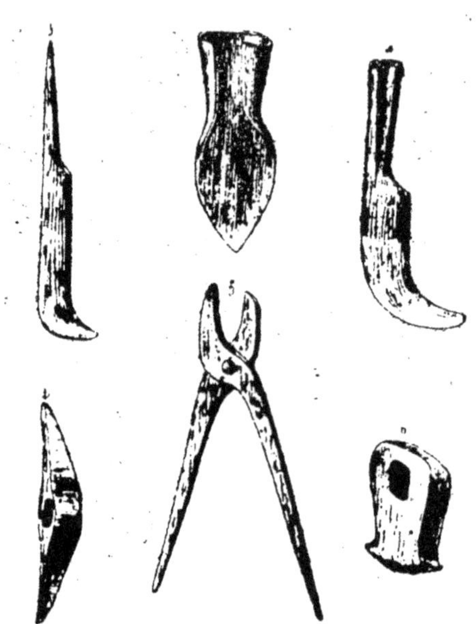

Outils préhistoriques en fer.

1 (1|10) – Soc de charrue.
2 (1|10) — Pic.
3 (1|10) — Faucille avec tige d'emmanchement
4 (1|10) — Faucille auec douille d'emmanchement
5 (1|10) — Pince de fondeur.
6 (1|8) — Marteau

1 (1|10), 2 (1|8) et 3 (1|10). — Urnes cinéraires faites sans le secours
du tour. Tumulus du Finistère avec ou sans galgal (pas de cryptes)

4 (1|8). — Mortier en terre cuite creusé dans le bloc d'argile avec un
couteau en silex.   (Finistère)

5 (1|10). — Mortier en pierre polie avec sa molette.   id.

6 (1|2). — Fusaïole en terre cuite.   id.

1, 2 (1₁8'), 3 (1₁10'), 4 (1₁6) et 5 (1₁8). — Urnes cinéraires avec le secours
du tour) des cryptes sous-tumulus du Finistère.

1 (1|4) — Petit vase en terre cuite
2 (1|4) — Lampe en bronze.
3 (1|8) — Ecuelle avec ornements pointillés en céramique rouge fine.
4 (1|10) — Amphore en céramique jaune fine.
5 (1|8) — Pichet en céramique jaune fine.
6 (1|6) — Vase en céramique rouge fine.
7 (1|4) — Petit vase en céramique noire fine.
8 (1|4) — Céramique fine rouge et blanche avec bandes alternées.
9 (1|8) — Urne en verre.
10 (1|8) — Grand vase en céramique noire.

TABLE DES MATIÈRES

A Monsieur Louis Hémon 5
A Monsieur Anatole Le Braz 7
Note de l'auteur 9
L'unité de l'homme. — L'immortalité. – L'incinération 10
Préface. -- Histoire générale du préhistorique dans le Finistère 11

L'âge quaternaire 15
L'âge néolithique 37
Tumulus de La Motte, Locronan (Finistère) 103
Tumulus de Kerbernez, en Briec (Finistère) 106
Les deux tumulus de Kervini, en Poullan (Finistère) .. 109
Les allées couvertes 113
Le tumulus de Saint-Goazec (Finistère) 115
Le grand tumulus de Telgruc (Finistère) 116
Tumulus de Saint-Hernot, en Crozon (Finistère) 117
Les trois tumulus de Saint-Thois (Finistère) 119
Dolmen sous tumulus de Penanec'h, en Briec (Finistère). 121
Tumulus de Kerrohou, en Beuzec-Cap-Sizun (Finistère). 123
Les deux grands tumulus du Vieux-Châtel (Finistère). 123
Les grands tumulus en terre 125
Les petites sépultures 127
La pierre polie 128
Le musée du Vieux-Châtel 132
Conclusions 134
Note de l'auteur 137
Le temple romain dans le Finistère 137
Les enseignes romaines 146
Les villœ romaines 148
Les cuves romaines en ciment aux bords de la mer ... 150
Les lacrymatoires. — Les sépultures romaines 155
Note de l'auteur 159

OUVRAGES DU MÊME AUTEUR

1887 :

1° Silex quaternaires, en Guengat (Finistère).

2° Bronzes et silex réunis dans les deux tumulus accolés de Kervini, en Poullan (Finistère).

1889 :

3° Les temps préhistoriques et le début de l'ère chrétienne, incinération et inhumation dans l'Ouest de la Bretagne.

1890 :

4° Les temps préhistoriques, étude sur les ouvrages des écrivains qui m'ont précédé.

5° La Bretagne aux temps néolithiques, tumulus de la première et de la dernière époque, emploi des roches et du fer.

6° Les premières sépultures chrétiennes.

1891 :

7° Le résultat des compilations.

8° Les Siphons naturels.

9° Confirmation de la théorie des siphons naturels pour l'alimentation des villes.

10° Mes chasses de loups (souvenirs 1857-1873).

11° Preuves à l'appui de l'histoire des temps néolithiques (1ʳᵉ partie).

1892 :

12° Les origines du monde, l'homme avant notre ère.

13° Etude précisée sur l'histoire des temps préhistoriques.

14° Fouille du grand tumulus de Kerbernez, en Briec.

1893 :

15° Les sanctuaires gaulois.
16° Preuves à l'appui de l'histoire des temps néolithiques (2° partie).
17° Pluie de météorites, Crozon (Finistère).

1894 :

18° Début de l'âge néolithique, preuves à l'appui de l'histoire des temps néolithiques (3° partie).
19° Les cimetières préhistoriques, sépultures sous les roches brutes.
20° Les temples romains dans le Finistère.
21° Les monuments mégalithiques de Menez-C'hom et de Plonévez-Porzay, et communications diverses. *(Bulletin archéologique du Finistère 1892 et 1894)*.

1895 :

22° L'histoire préhistorique d'après les faits.
23° Le sable verrier en Bretagne.
24° Les stations paléolithiques de la Bretagne.
25° Début de l'âge néolithique, preuves à l'appui de l'histoire des temps néolithiques (4° partie).
26° Biographie et généalogie de la maison Halna du Fretay.

1896 :

27° Le château de Lézarscoët.
28° Une station néolithique.
29° Les forêts de l'avenir.

1897 :

30° Les établissements romains dans l'Ouest de la Bretagne.
31° Les âges de la Bretagne
32° Les conjurés bretons en forêt de Conveau.

1898 :

33° Sépultures au centre d'un cromlech.
34° James Piergusson et son œuvre.
35° Ethnographie préhistorique.

ERRATA

Page 32, § 2, 1ʳᵉ ligne, lire *patine* au lieu de *pâtise*.

— 32, § 2, 5ᵉ ligne, lire *entièrement* au lieu de *extérieurement*.

— 85, 6ᵉ ligne, lire *au pointillé* au lieu de *ou pointillé*.

— 88, § 2, 6ᵉ ligne, lire *pierrailles* au lieu de *ferrailles*.

— 95, § 2, 1ʳᵉ ligne, lire *trouvée* au lieu de *trouvé*.

— 138, 9ᵉ ligne, lire *bronzes* au lieu de *bronze*.

— 158, 1ʳᵉ ligne, lire *les ouvriers* au lieu de *le souvriers*.

Table des matières, p. 137, lire *les Temples romains* au lieu de *le Temple romain*.

Ouvrages du même auteur, 1898, 2ᵉ ligne : lire *Fergusson* au lieu de *Piergusson*.

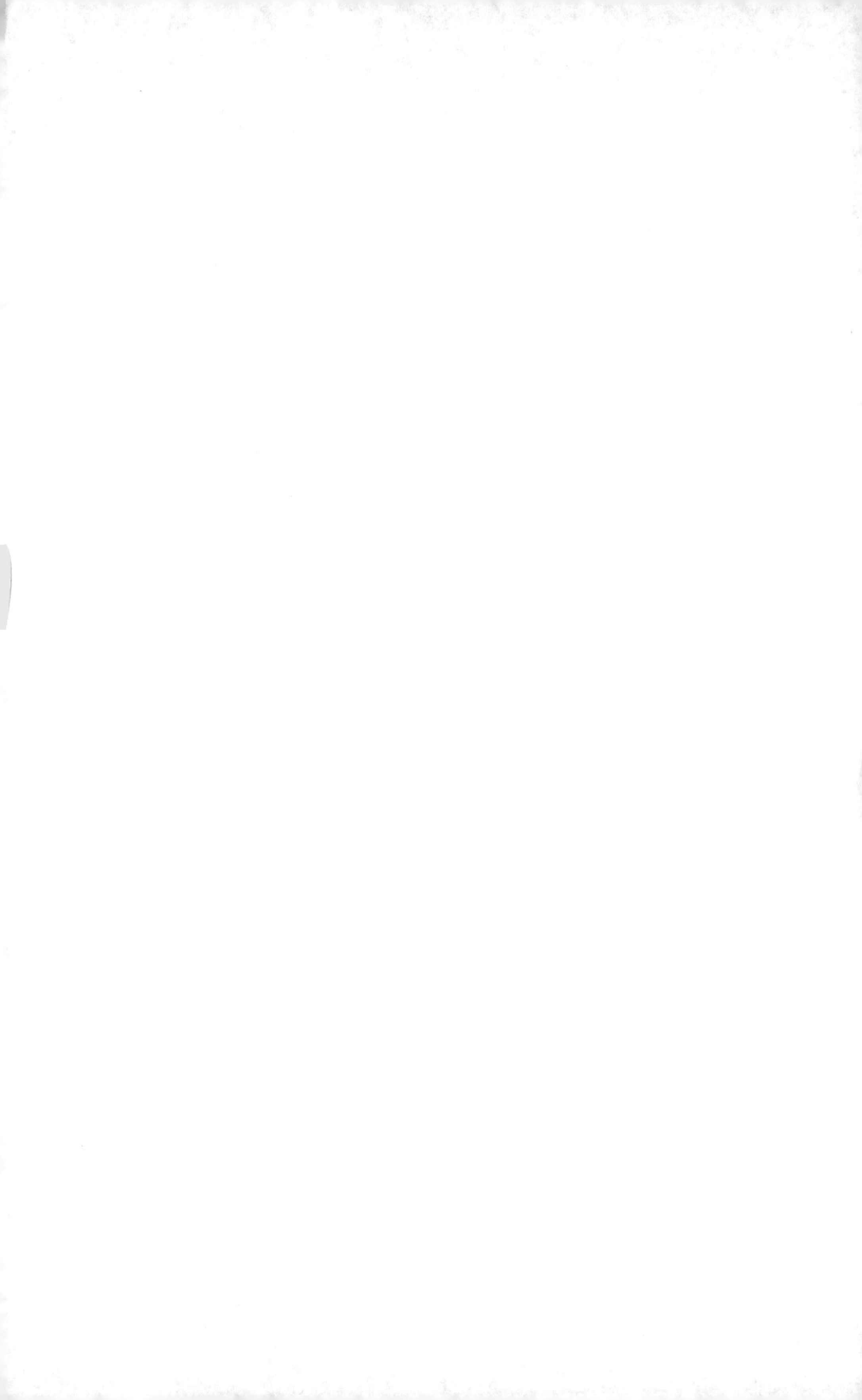